Wilhelm Wunderer

Ovids Werke in ihrem Verhältnis zur antiken Kunst

Wilhelm Wunderer

Ovids Werke in ihrem Verhältnis zur antiken Kunst

ISBN/EAN: 9783743489493

Hergestellt in Europa, USA, Kanada, Australien, Japan

Cover: Foto ©Thomas Meinert / pixelio.de

Manufactured and distributed by brebook publishing software (www.brebook.com)

Wilhelm Wunderer

Ovids Werke in ihrem Verhältnis zur antiken Kunst

Ovids Werke in ihrem Verhältnis zur antiken Kunst

untersucht

von

Wilhelm Wunderer.

Bei der Lektüre der Dichtungen Ovids wird man nicht selten durch die Art der Darstellung an Kunstwerke erinnert. Besonders findet sich häufig zwischen Campanischen Wandgemälden und einzelnen Stellen aus Ovid eine so grosse Ähnlichkeit, dass man die Verse als Erklärung unter die Gemälde setzen und die Gemälde zur Illustrierung den Gedichten beigeben könnte. Eine derartige Übereinstimmung des Dichters und Malers, sollte man denken, kann nicht zufällig sein und man fühlt sich veranlasst darnach zu fragen, ob hier ein causaler Zusammenhang festzustellen sei, ob der Dichter vom Künstler oder der Künstler vom Dichter abhänge, oder ob vielleicht eine Wechselwirkung zwischen beiden stattgefunden. Der Gedanke ist keineswegs neu. Schon im vorigen Jahrhundert hat der Engländer Spence in einem grossen mit Kupfern reich ausgestatteten Prachtwerke, Polymetis[1]) betitelt, nachzuweisen versucht, wie die römischen Dichter überall bei der Schilderung ihrer Götter und Helden sich an die Darstellungsweise der Künstler angeschlossen und selbst in den geringfügigsten Dingen dieses oder jenes Kunstwerk vor Augen gehabt hätten. Ohne jede Kritik häuft er Stellen auf Stellen aus römischen Dichtern, besonders aus den Werken Ovids, um damit seine Hypothese zu beweisen. Mit Recht nannte daher Lessing[2]) den Polymetis ein für jeden Leser von Geschmack unerträgliches Buch und nahm gerade an ihm Veranlassung im

---

[1]) Polymetis or an Enquiry concerning the Agreement between the Works of the Roman poets and the Remains of the ancient Artists. London 1747.
[2]) Laokoon VII.

Gegensatze zu Spence und andern festbestimmte Grenzlinien zu ziehen, die das Gebiet der Malerei und das der Poësie von einander trennen. Trotzdem ist der in jenem Werke enthaltene Grundgedanke auch von neueren Gelehrten häufig wieder aufgenommen worden. Nun hat Helbig an den Campanischen Wandgemälden schlagend nachgewiesen[1]), dass eine Einwirkung der Dichter auf die Darstellungsweise der römischen Künstler als ausgeschlossen zu betrachten ist. Es bleibt also, vorausgesetzt, dass ein causaler Zusammenhang überhaupt vorhanden ist, nur die andre Möglichkeit anzunehmen, dass die Dichter bei den Künstlern in die Schule gegangen seien. So urteilt schon Welcker im allgemeinen über die Dichter der Augusteischen Zeit:[2]) „Die Dichter erfuhren eine starke Rückwirkung in der Behandlung ihrer Mythen von der Darstellungsweise der Künstler." Ausführlicher beschäftigt sich C. F. Hermann mit dieser Frage und erklärt sich dahin[3]), dass in demselben Verhältnis, wie die Kunst aus einer Sache lebendiger Übung zu einem Gegenstand der Reflexion geworden, die Anspielungen und Berufungen auf sie zunähmen und bei den Römern leicht noch häufiger nachzuweisen oder vorauszusetzen seien als bei den Griechen. Auch Friedlaender, der im übrigen der Ansicht Hermann's scharf entgegentritt, leugnet es keineswegs, dass sich in den Werken der römischen Dichter häufig Reminiscenzen an Kunstwerke und Gleichnisse aus dem Gebiete der Kunst finden[4]). In letzter Zeit äussert Gerber in einer Vergleichung der antiken Dichter und Künstler[5]): „So schwer der Künstler dem Dichter überallhin folgen kann, so leicht kann wenigstens die reflectierende Poësie vom Künstler Gestalten entlehnen."

Gilt alles das Gesagte im allgemeinen von der Poësie der Römer, so scheint doch dabei Ovid in erster Linie in Betracht zu kommen. C. F. Hermann, der die einzelnen römischen Dichter

---

1) Untersuchungen über die Campanische Wandmalerei, 1873 S. 2 ff.
2) Alte Denkmäler 1849. III S. 532.
3) Über den Kunstsinn der Römer 1855 S. 18.
4) Fleckeisen, Neu. Jahrb. f. Philol. LXXIII S. 391 ff. Vgl. auch „Sittengeschichte Roms" III S. 206 ff. Schon früher hatte Friedlaender über dieselbe Frage geschrieben unter dem Titel „über den Kunstsinn der Römer der Kaiserzeit."
5) Fleckeisen, Neu. Jahrb. f. Philol. Suppl. XIII. „Naturpersonification in Poësie und Kunst der Alten" S. 242.

und ihre Werke in Rücksicht auf die eben aufgeworfene Frage einer kurzen Betrachtung unterzieht, urteilt über Ovid: [1] „Ganz besonders werden wir für Ovid annehmen dürfen, dass die mythologischen Wandgemälde, mit welchen gerade damals, wie wir es noch jetzt in Pompeji sehen, die gebildeten Römer ihre Zimmer zu schmücken anfiengen, mindestens ebenso sehr wie die griechischen Dichterquellen dazu mitgewirkt haben mögen, die Phantasie mit den zahlreichen Gestalten zu füllen, die dann gleichsam die Staffage der poëtischen Fernsichten bilden." Speziell die Metamorphosen nennt Helbig [2] „dichterische Produkte, welche nach Inhalt und Auffassung den mythologischen Wandgemälden am nächsten stehen." In allen grösseren Werken über antike Kunst findet man hin und wieder Stellen aus Ovid zur Vergleichung mit den Monumenten herangezogen, besonders weisen Jahn [3] und Overbeck [4] des öfteren auf den mutmasslichen Zusammenhang hin, der zwischen der Schilderung Ovids und einzelnen Kunstwerken besteht, und ebenso wird in erklärenden Ausgaben Ovids zu einzelnen Stellen nicht selten eine nutzenbringende Parallele zu den entsprechenden Monumenten gezogen.

Während es sich hiebei immer nur um bestimmte Stellen handelte, wurde in jüngster Zeit die Frage nach dem Einflusse der Kunst auf einzelne Dichter systematisch behandelt [5]. Für Ovid hat sich Schoenfeld dieser Aufgabe unterzogen, beschränkt sich jedoch auf die Metamorphosen, indem er diese in ihrem Verhältnis zur antiken Kunst untersucht [6]. Das Resultat der Untersuchung fasst er selbst am Schlusse derselben folgendermassen zusammen: [7]

---

[1] A. a. O. S. 23.
[2] A. a. O. S. 343.
[3] Siehe z. B. Sitzungsberichte der k. sächsischen Akademie der Wissenschaften 1854. S. 179; 1855. S. 215.
[4] Siehe z. B. Griechische Kunstmytholog. I S. 435, 475, 510.
[5] So Blümner „de locis Luciani ad artem spectantibus" 1866; ferner in seinen „Archäologischen Studien zu Lucian" 1867. Purgold „Archäologische Studien zu Claudian und Sidonius" 1878. v. Brunn, „Griech. Bukoliker und bildende Kunst" Sitzungsber. der Münch. Ak. phil. hist. Cl. II 1876. Leitschuh „über den Kunstsinn des Horaz" 1885.
[6] Ovids Metamorphosen in ihrem Verhältnis zur antiken Kunst.
[7] S. 75.

schilderten und realen Kunstwerken ganz bedeutend durch die Thatsache vermehrt wird, dass sogar von den übrigen Partien beschreibender Art wenigstens zwei, die Schilderung der Europa und sodann, wenn auch nur zum Teil, die der Jahreszeiten im 2. Buche der Metamorphosen ganz zweifellos auf künstlerische Darstellungen zurückgehen. Müssten wir bei den übrigen Stellen, die ihrem Charakter nach ebenfalls unter die letztere Kategorie zu fallen scheinen, besonders bei der Beschreibung einzelner mythologischer Gestalten, teilweise zu entschieden negativen Resultaten gelangen, so bleibt dagegen andrerseits eine nicht unbeträchtliche Anzahl solcher Stellen übrig, bei denen jedenfalls die Frage offen gelassen werden muss, ob nicht in der That künstlerische Vorbilder auf die poëtische Schilderung bestimmend einwirkten, wenn es uns auch angezeigt erscheint, uns eines definitiven Urteils betreffs derselben zu enthalten."

Schoenfeld's Arbeit wurde von Riese im Bursianischen Jahresberichte[1]) sehr ungünstig recensiert: die Untersuchung enthalte nichts Neues und nichts Sicheres. Dieses Urteil ist gewiss zu hart; als erledigt allerdings kann die von Schoenfeld aufgeworfene Frage nicht betrachtet werden. Schon der Umstand, dass Schoenfeld eine einzelne Dichtungsgattung aus dem Rahmen der Ovidischen Dichtungen herausgriff, war der Beantwortung der Frage nicht günstig. Ovid verhält sich in seinen Metamorphosen zur bildenden Kunst nicht anders als in seiner Dichtungsweise überhaupt. Sucht man aber eine Antwort auf die Frage, wie sich überhaupt die Dichtungsweise Ovids zur bildenden Kunst verhalte, so muss man notwendigerweise die Untersuchung auf das gesammte Gebiet der Ovidischen Dichtung ausdehnen. Eine Stelle erklärt die andre und nur eine Gesammtbetrachtung aller kann ein sicheres Resultat liefern. Übrigens findet sich auch in den Metamorphosen noch manche nicht unwichtige Stelle, die Schoenfeld bei Seite liegen liess.

---

1) Jahresber. für klass. Philol. V. Jahrg. II S. 13. Eine andere Recension in Saturday Review I, 129 S. 747 enthält kein Urteil.

Es erscheint mithin als gerechtfertigt die Frage nach dem Verhältnis der Ovidischen Dichtung zur antiken Kunst einer erneuten Untersuchung zu unterziehen. Es werden dabei alle diejenigen Stellen des Dichters zur Sprache kommen, die sich auf die Kunst zu beziehen scheinen, und daraufhin geprüft werden, ob an ihnen ein Einfluss von Kunstwerken auf die Darstellungsweise des Dichters nachzuweisen ist. Aus der Summe des Einzelnen wird sich das Gesammtresultat ergeben. Wo Schoenfeld bereits zu einem abschliessenden Resultat gelangt ist, werde ich mich um so kürzer fassen können. Um jedoch für die Betrachtung der einzelnen diesbezüglichen Stellen eine feste Basis zu gewinnen, ist es nötig vorerst das zusammenzustellen, was wir überhaupt aus den Werken des Dichters über Kunst und Künstler erfahren, und auf Grund dessen zu untersuchen, wie Ovid selbst der bildenden Kunst gegenübersteht. Wir erhalten dadurch einen Massstab dafür, ob und wie weit überhaupt ein Einfluss von Kunstwerken auf die Darstellungsweise des Dichters möglich erscheint.

I.

Es bedarf jedenfalls keiner weiteren Erörterung, dass es zur Zeit Ovids in Rom nicht an Gelegenheit fehlte, Meisterwerke der Kunst tagtäglich und überall zu sehen. Nicht nur Tempel, öffentliche Plätze und Gebäude waren damit in verschwenderischer Weise ausgestattet, auch reiche Privatleute setzten eine Ehre darein, dem Beipiele des kaiserlichen Hofes folgend, ihre Paläste mit Statuen und Gemälden auszuschmücken [1]). Der Dichter selbst ermahnt an mehreren Stellen [2]) Liebespaare in den Säulenhallen oder Basiliken zu lustwandeln, die, wie wir wissen, mit Kunstwerken reich geziert waren, und war selbst ein fleissiger Besucher derselben [3]). Ebenso bemerkt er Trist. II 521 ff., dass man überall in den Palästen „tabellae picturaeque" vorfände. Überdies hatte Ovid bei seiner Reise nach Griechenland, Kleinasien und Sicilien [4]) reichlich Musse auch die Kunstschätze jener Länder kennen zu lernen. Es wäre also gewiss nicht zu verwundern, wenn die Menge des Gesehenen auf den Dichter einen derartigen Eindruck machte, dass wir auch in seinen Dichtungen etwas davon spürten.

Wenn wir nun diese Dichtungen betrachten, so ist zunächst festzustellen, dass Ovid nicht selten Künstler und Kunstwerke erwähnt. Er kennt die „Telchines Jalysii;" vergl. Met. VII 365; doch lässt sich aus dieser Stelle nicht ersehen, ob er Künstler darunter versteht oder nicht. Er kennt ferner den Erzgiesser Alcon aus Hylae; er schreibt ihm die Fabrikation des

---

1) Vergl. darüber: Hertzberg, Quaest. Propert. II S. 70; Welcker, A. D. III S. 532; Friedlaender, Darstell. aus der Sittengesch. Roms III S. 179 ff.

2) A. A. I 71; III 387. Die Ovidischen Stellen sind nach der Teubn. Textausgabe citiert.

3) ex Pont. II 4, 19.

4) Vgl. Trist. I 2, 77 ff. ex Pont. II 10, 21 ff.

Kraters zu, den Anius dem Aeneas schenkt, Met. XIII 681 ff. Nun kennen wir aus andern Stellen [1]) einen gleichnamigen Toreuten der alexandrinischen Zeit, von dem ebenfalls ein Becher erwähnt wird. Es ist mithin wahrscheinlich, dass Ovid an diesen historischen Alcon gedacht hat und so sich einen bewussten oder unbewussten Anachronismus gestattet hat [2]). Ausserdem erwähnt er den Phidias ex Pont. IV 1, 32; den Calamis ex Pont. IV 1, 33; den Myron A. A. III 219 und ex Pont. IV 1, 34; den Apelles A. A. III 401 und ex Pont. IV 1, 29. Endlich spricht er noch von dem aes Perilleum Ib. 435 und von dem altrömischen Künstler Mamurius Veturius Fast. III 383.

Weitaus grösser ist die Zahl der Stellen, in denen von Kunstwerken die Rede ist. Im Vordergrunde stehen hier begreiflicher Weise Statuen und Gemälde der Venus. Es wird erwähnt:

die Coische Venus des Apelles „comas exprimens" an vier Stellen: Am. I 14, 33; A. A. III 401; ex Pont. IV 1, 29; Trist. II 537;

eine ähnliche Statue A. A. III 223;

ein Typus der Venus, gegenwärtig am besten erhalten in der Capitolinischen „laeva manu pubem protegitur" A. A. II 613 [3]);

eine Statuengruppe der Venus und des Mars „Venus Ultori iuncta" Trist. II 296 [4]);

Es werden ferner genannt:

die elfenbeinerne und die eherne Statue der Pallas auf der Akropolis ex Pont. IV 1, 32;

Gemälde der Diana, Am. III 2, 31;

„Amores, qui nudi pinguntur, Met. X 516";

ein Ajax „ut sedet vultu fessus iram" Trist. II 525;

eine Medea „in oculis facinus barbara mater habet" ib. 526 [5]);

---

1) Athen. XI p. 469 A; Pseudovirgil, culex v. 66.

2) Vergl. Brunn a. a. O. I² S. 326 II S. 402 und ferner Ebert, d. Anachronismus b. Ovid. Ansb. Gymnasialprogr. 1888 S. 33.

3) Vergl. darüber Michaelis, Journal of Hellenic Studies VIII 1887 S. 324 ff.

4) Vergl. Helbig, Untersuchungen über Campanische Wandmalerei S. 26; er bezieht die Ovidische Stelle mit Recht auf eine Statuengruppe im Tempel des Mars Ultor.

5) Plinius 35, 136 berichtet von Gemälden des Timomachus die den

die Kuh des Myron ib. 34.

„Varii concubitus et figurae veneris" Trist. II 523 [4]).

„Prisca virorum corpora picta" Trist. II 522 [5]);

Neben diesen Kunstwerken finden sich bei dem Dichter eine ganze Reihe von Tempelbildern erwähnt, so, um nur einige Beispiele anzuführen: Am. I 2, 23 eine Isis, A. A. III 451 eine Venus, Met. XV 654 Aeskulapius, Fast. I 95 ff. Janus, der ausführlich beschrieben wird, Fast. I 202 Juppiter, Fast. V 553 Mars, Fast. VI 91 Concordia.

Endlich spricht der Dichter des öfteren von Kunstwerken, die bei Triumphzügen mitgetragen wurden; zu vergleichen sind die Stellen Am. III 2, 45 ff.; A. A. I 223 ff.; Trist. IV 2, 37 ff. ex Pont. II 1, 37; II 8, 39; III 4, 104.

Überblickt man die Reihe dieser Stellen, so ist zunächst zu beachten, dass sich nirgends ein eigentliches Kunsturteil findet. Künstler und Kunstwerke werden ganz gelegentlich erwähnt und zwar in der Regel so, dass aus der Art der Erwähnung ein Schluss auf feineres Verständnis seitens des Dichters nicht gemacht werden kann. Zwei Stellen scheinen eine Ausnahme zu machen. An der Kuh des Myron rühmt Ovid die Naturwahrheit:

---

rasenden Ajax und die auf den Tod ihrer Kinder sinnende Medea darstellten und im Tempel der Venus Genetrix sich befanden. Brunn weist nach, dass Ovid diese Gemälde vor Augen hat und dass es vermutlich ein Irrtum seinerseits ist, wenn er sie in den Palast des Augustus versetzt. S. a. a. O. II S. 277.

1) Es war ein Gemälde im Tempel des Mars Ultor; vergl. Archäolog. Zeitg. 1872 S. 130.

2) Es war ein Gemälde in der Säulenhalle des Tempels des Apollo Palatinus; s. Prop. III 29, 4.

3) Es waren Statuen vor dem Tempel der Venus Genetrix; s. Plin. 36, 32.

4) Es sind darunter Gemälde lasciven Inhaltes zu verstehen, wie sie sich häufig in den Häusern der Vornehmen fanden; vergl. dazu auch A. A. II 680.

5) Es sind das Ahnenbilder; Ähnliches ist zu verstehen unter den „priscae tabellae" A. A. I 71.

„ut similis verae vacca Myronis opus" ex Pont. IV. 1, 34. Hier hat Ovid das Richtige gesehen; gerade die Naturwahrheit ist es, die die Werke des Myron und speziell seine Kuh auszeichnete¹). Ferner beschreibt er Trist. II 525 den Ajax und die Medea des Timomachus ganz kurz mit folgenden Worten:

„Utque sedet vultu fassus Telamonius iram
Inque oculis facinus barbara mater habet."

Über den Ajax des Timomachus sind wir nicht genügend unterrichtet, um darnach die beschreibenden Worte Ovids beurteilen zu können²). Seine Medea aber ist uns wenigstens der allgemeinen Auffassung nach bekannt. Für ihre Darstellung war der Moment der That gewählt, wo sie noch unschlüssig schwankt, ob sie den Mord an ihren Kindern vollziehen soll³). Eine Vorstellung hievon gewähren zwei pompejanische Wandgemälde, denen das Original des Timomachus zum gemeinsamen Vorbilde gedient zu haben scheint⁴). Besonders in dem einen derselben, das Medea allein ohne die Kinder darstellt, fällt sofort der leidenschaftliche Ausdruck der tiefliegenden Augen auf; man glaubt in denselben den Kampf zwischen der verbrecherischen Leidenschaft und der Mutterliebe lesen zu können. Auch hier hat also Ovid das Richtige gesehen und in prägnanter Weise zum Ausdruck gebracht; an dem ganzen Gemälde hebt er nur das hervor, was in der That die Bedeutung des Bildes ausgemacht zu haben scheint. Beide Bemerkungen also, sowohl die über die Kuh des Myron als die über die Medea des Timomachus könnten uns veranlassen, dem Dichter ein feineres Verständnis für die bildende Kunst zuzuschreiben. Aber in beiden Fällen ist nicht zu übersehen, dass der Dichter nur etwas ausspricht, was vor ihm schon unendlich oft ausgesprochen wurde. Die Naturwahrheit der Myronischen Kuh ist in vielen Epigrammen gefeiert⁵) und ebenso wird an der Medea des Timomachus

---

1) Vergl. darüber Brunn, Geschichte der griechischen Künstler I² S. 105.
2) Vergl. darüber Brunn, a. a. O. II S. 277.
3) Vergl. darüber Brunn, a. a. O. II S. 278.
4) Helbig a. a. O. Nr. 1242, abgeb. Mus. Borb. X 21, und Helbig a. a. O. Nr. 1262, abgeb. Mus. Borb. V 33.
5) Vergl. Overbeck, die ant. Schriftquellen zur Gesch. d. bild. K. S. 103 ff.

überall, wo sie näher beschrieben wird [1]), der leidenschaftliche Blick hervorgehoben. Ovid kann also hier recht gut mit fremden Augen gesehen haben; jedenfalls gestatten uns die genannten Stellen nicht, weitere Schlüsse aus ihnen zu ziehen.

Wenn somit die Art der Erwähnung von Künstlern und Kunstwerken ein Urteil über das Kunstverständnis des Dichters nicht erlaubt, so zeigt doch die häufige Erwähnung eine nicht unbedeutende Kunstkenntnis. Maler und Bildhauer, Statuen und Gemälde der verschiedensten Art und aus verschiedenen Zeiten sind dem Dichter bekannt. Dass er nur ganz allgemein bekannte Künstler und Kunstwerke und unter diesen meistens solche, die sich in Rom befanden, erwähnt, dürfen wir nicht als Zeichen einer beschränkten Kunstkenntnis auffassen, das versteht sich bei einem Dichter, der für das Publikum schreibt und die Gelehrsamkeit absichtlich vermeidet, von selbst.

Ein weiteres Moment zur Beurteilung der Stellung des Dichters zur Kunst bietet eine Reihe von Stellen, an denen er Gleichnisse aus dem Gebiete der bildenden Kunst herausgreift. Schon oben wurde erwähnt, dass er Am. I 14, 33 die Haare seiner Geliebten mit denen einer Venus Anadyomene des Apelles vergleicht. Ebenso vergleicht er Am. III 2, 29 die Schenkel seiner Geliebten mit denen der Diana 'qualia pinguntur crura Dianae' und Met. X 515 den Adonis mit gemalten nackten Amorn. Met. IV 675 erinnert er bei der Beschreibung der an die Felsen gebundenen Andromeda an ein 'opus marmoreum' und ebenso Met. III 419 bei der Schilderung des an der Quelle sitzenden Narcissus an ein 'opus e Pario marmore formatum'. Met. XII 397 sagt er von dem schönen Centauren Cyllarus, sein Nacken, seine Schultern und Hände und seine Brust seien am besten vergleichbar den 'signa artificum'. Am. II 11, 15 nennt er die Füsse seiner Geliebten 'marmoreae'; Met. IV 335, 354 und an anderen Stellen Hals und Arm eines schönen Jünglings 'eburnea'; Met. IV 332 vergleicht er das liebliche Erröthen desselben dem 'ebur tinctum'. Endlich erinnert er im Mythus des Deukalion und der Pyrrha Met. I 405 ff., an der Stelle, wo er erzählt, wie ein neues Menschengeschlecht aus Steinen sich bildete, bei der Beschreibung dieses Entwickelungsprocesses an 'signa de marmore coepta'. Ob wir aus dieser letzten Stelle schliessen dürfen, dass der

---

1) Vergl. Overbeck a. a. O. S. 408 ff.

Dichter auch in die Ateliers der Künstler einen Blick geworfen, mag dahingestellt bleiben. Jedenfalls aber geht aus den übrigen angeführten Stellen deutlich hervor, dass der Dichter Kunstwerke nicht nur gekannt, sondern auch die hohe Schönheit derselben richtig gewürdigt hat; denn fast immer ist die hohe Schönheit das 'tertium comparationis'. Der Dichter bewundert also diese Schönheit und somit können wir neben der Kunstkenntnis auch die erste Stufe zum Kunstverständnis, die Bewunderung der Kunst, bei dem Dichter nachweisen. Allerdings ist es immer nur die körperliche, rein sinnliche Schönheit, die sein Auge rührt. Eine Stelle, die an Feinheit des Urteils der oben angeführten Bemerkung über die Medea des Timomachus gleichkäme, würden wir unter diesen Vergleichungen vergebens suchen. Und ferner ist zu beachten, dass diese aus dem Gebiete der bildenden Kunst geholten Vergleichungen unter der Menge anderer Gleichnisse, die sich in den Ovidischen Dichtungen vorfinden, vollständig zurücktreten: das 'qualis describitur' ist unendlich häufiger als das 'qualis pingitur', selbst in solchen Fällen, wo es sich um die Darstellung körperlicher Dinge handelt.

Endlich haben wir hier noch im allgemeinen die Stellen zu betrachten, wo der Dichter selbst uns Kunstwerke beschreibt. Dass sich solche Kunstbeschreibungen überhaupt bei Ovid finden, ist nicht auffällig. Massgebend ist hier für die epischen Dichter schon das Vorbild Homers gewesen; seitdem gehören, wie Brunn sich ausdrückt[1]), Beschreibungen dieser Art zum Apparat der erzählenden Dichtung. Ovid hat nur in den Metamorphosen diesen Apparat angewendet; so werden beschrieben: Met. II 5—18 die Thore der Sonnenburg[2]); VI 70—102 das Gewebe der Pallas; VI 102—128 das Gewebe der Arachne; XIII 685—705 der Krater des Aeneas. Auf den Flügelthüren der Sonnenburg waren dargestellt Erde, Meer und Himmelsgewölbe, alles in Silber ciseliert. Erde und Meer ist deutlich gezeichnet: hier sehen wir das Gewimmel der Meergötter, dort Menschen und

---

1) „Griechische Bukoliker und bildende Kunst" Sitzungsberichte der Münchner Akad. philol. hist. Class. II 1879.

2) Gerade die Beschreibung von Thüren findet sich sehr häufig bei Dichtern; vergl. Verg. Aen. VI 20 ff. Georg. III 26 ff. Propert. III 31, 12; Sil. III 33. Val. Flacc. V 417.

Städte, Thiere und Wälder, Flüsse und Nymphen und andre ländliche Gottheiten; das Meer umschliesst ringsum die Erde. Soweit ist alles klar; was aber ist zu verstehen unter dem 'caelum, quod imminet orbi'? Nachdem Ovid Erde und Meer näher beschrieben, fährt er fort:

„Haec super imposita est caeli fulgentis imago
Signaque sex foribus dextris totidemque sinistris."

Worin besteht nun das Bild des Himmels? Ist es identisch mit den im zweiten Vers genannten Zeichen des Thierkreises, was grammatikalisch möglich ist, oder war das Himmelsgewölbe noch sonst dargestellt, wie wir es auf Kunstdenkmälern dargestellt finden, am häufigsten durch den Wagen des Sol und der Luna oder durch Caelus, den Gott des Himmels, selbst [1])? Auch die Composition des Ganzen wird uns in der Ovidischen Schilderung nicht klar: die Mitte nimmt die Erde ein, rings herum ist das Meer und darüber der Himmel, so viel erfahren wir, alles andre bleibt unserer Phantasie überlassen und dieser wird es nicht leicht sich daraus ein künstlerisches Bild zu arrangieren. Ist die Erde rund zu denken und wiederum rund im Kreise herum das Meer und im Halbkreis darüber das Himmelsgewölbe? oder füllt das Meer die Ecken des unteren Theiles? und wie sind die drei Elemente gegen einander abgegrenzt? So einfach, wie Schoenfeld die Sache darstellt [2]), ist das Bild jedenfalls nicht. Ein Vorwurf ist das für den Dichter ja keineswegs, wenn er die Phantasie des Lesers mehr nur anreizt als ausfüllt; aber jedenfalls können wir hier nicht von einer wirklich künstlerischen Darstellung sprechen, wo erst die Phantasie des Lesers das Kunstwerk sich schaffen muss. In noch höherem Grade gilt das für das Gewebe der Arachne. Auf demselben waren dargestellt eine ganze

---

1) Solche Personificationen des Caelus finden sich auf römischen Kunstdenkmälern öfters; vergl. Jahn, Archäolog. Beitr. 85, 91. Matz-Duhn, A. B. 2711, 3315 f. 3341, 3449.

2) A. o. g. O. S. 12: „Die Anordnung...., wie sie sich der Dichter vorstellt, ist völlig vereinbar mit wirklicher künstlerischer Darstellung: Meer und Erde sind symmetrisch auf die beiden Flügel verteilt(?), auf den beiden Hälften des Himmelsgewölbes, welches sich darüber ausbreitet, sind die zwölf Zeichen des Tierkreises in strenger Responsion angebracht."

Reihe von Scenen aus dem Liebesleben der Götter (21 an der Zahl). Von den einzelnen Scenen wird nur die erste, das Liebesabenteuer der Europa, so beschrieben, dass wir uns eine Vorstellung davon machen können; von allen andern Bildern wird nur das Sujet angegeben. Von der Composition des Ganzen hören wir gar nichts, Scene wird an Scene gereiht: es kommen zuerst 9 Abenteuer des Zeus, dann 6 des Neptun, 4 des Apollo, je eines des Bacchus und des Saturn. Einigemal versucht der Dichter Gruppen von je 3 Bildern zusammenzunehmen, sonst aber können wir uns das Arrangement denken, wie wir wollen. Das einzig Künstlerische an der ganzen Schilderung ist der Epheukranz, der das Gewebe als Saum umgibt.

Das gerade Gegenstück dazu bildet das Gewebe der Pallas; hier haben wir eine klare, künstlerisch wohl durchdachte Composition. Der Streit des Neptun und der Pallas um den Besitz Athens bildet die Mittelgruppe; in dieser ist alles bis ins Einzelne genau geschildert, Hintergrund und Vordergrund geschieden, die beiden Hauptpersonen, die den Mittelpunkt nicht nur des Mittelbildes, sondern des ganzen Gewebes bilden, sind am sorgfältigsten gezeichnet. Um das Mittelbild gruppieren sich in den vier Ecken des Gewebes kleinere Bilder, die ihrer untergeordneten Bedeutung entsprechend nur flüchtig skizziert sind, sich aber gleichfalls von dem Grundtone des Gewebes durch ihre Farbengebung bestimmt abheben (clara colore suo). Die Zwischenräume zwischen den Bildern werden durch 'brevia sigilla' ausgefüllt, die nicht näher beschrieben werden, wie sie eben auch in dem Kunstwerke als vollständig zurücktretend gedacht werden müssen; sie haben rein ornamentalen Charakter. Das Ganze wird eingefasst und abgeschlossen von einem Kranz aus Olivenblättern. Es bleibt so dem Leser kein Zweifel, dass er es mit einem Kunstwerke ersten Ranges zu thun hat.

Konnten wir oben nur Kunstkenntnis und Bewunderung für die Kunst bei dem Dichter konstatieren, so sehen wir hier, dass er von der Kunst auch gelernt hat. Einheit und Symmetrie der Composition tritt uns deutlich in dem Gewebe der Pallas entgegen und zeugt von dem Kunstverständnis des Dichters.

Während also in der Art der Beschreibung zwischen dem Gewebe der Arachne und dem der Pallas ein scharfer Gegensatz unverkennbar ist, mag es auffällig erscheinen, dass der Dichter nicht nur die höhere Kunst der Athene mit keinem

Worte erwähnt, sondern die Sache geradezu so darstellt, als sei Athene im Wettstreit unterlegen. Nachdem er das Kunstwerk der Athene ohne jede lobende Bemerkung gelassen, heisst es von dem Gewebe der Arachne:

„Non illud Pallas, non illud carpere Livor
possit opus; doluit successu flava virago
et rupit pictas, caelestia crimina, vestes."

Athene ist also neidisch auf den Erfolg der Arachne, und nicht die höhere Kunst, wie z. B. beim Wettstreit des Apollon und Marsyas, sondern die grössere Gewalt gibt den Ausschlag [1]. Dieser scheinbare Widerspruch zwischen der Schilderung der Kunstwerke und dem schliesslichen Ausgange des Streites erklärt sich aber dadurch, dass es sich in dem Streite nur um die Kunstfertigkeit, um die Feinheit des Gewebes handelt. Das sehen wir schon daraus, dass vor Beginn des Streites ausführlich die Procedur des Webens beschrieben wird, V. 53—69. In der Kunst des Webens nun war Arachne der Pallas gewachsen und das kränkt die Göttin. Die künstlerische Composition des Werkes dagegen ist bei der Göttin von vorneherein eine andere und wenn auch der Dichter kein Wort darüber verliert, so ist doch hier der Gegensatz zu stark als dass er zufällig sein könnte; der Dichter hat bewusst das Werk der Göttin künstlerischer gestaltet und hat es dem Leser überlassen, das herauszufinden.

Weniger künstlerisches Interesse bietet die Beschreibung des Kraters, den Anius dem Aeneas schenkt. Auf demselben finden wir die Sage von den Töchtern des Orion dargestellt und zwar, wie so oft auf Vasen und ähnlichen Kunstwerken, in einer Reihe einzelner Scenen, über deren Anordnung der Dichter zwar schweigt, die wir uns aber wohl ringsherum laufend um die Aussenseite des Kraters zu denken haben. Nach oben war das Ganze durch einen Kranz von Akanthusblättern abgeschlossen; auch dies findet sich häufig auf Bildwerken. Da der dargestellte Gegenstand durch den Zusammenhang der Erzählung keineswegs motiviert ist, so vermutet Brunn, dass der Dichter hier ein unter seinen Augen befindliches Kunstwerk beschreibe [2].

---

[1] Wie die Alexandriner den Mythus behandelt haben, wissen wir nicht näher; vergl. Creuzer, Symb. II 748 ff. Plaehn, de Nicandro aliisque poëtis ab Ovidio adhibitis, 1882 S. 28.

[2] A. a. O. II S. 403.

Damit ist allerdings noch nicht erklärt, wie Ovid gerade auf dieses Kunstwerk kommt, das noch dazu eine wie es scheint ziemlich unbekannte Sage darstellt [1]). Möglich ist es, dass es ein im Besitze der julischen Familie befindliches Altertum war, was hier dem Dichter vorschwebt, und dass Ovid, indem er den Krater bis auf die Zeit des Aeneas zurückführt, dem Augustus damit ein Compliment machen wollte.

Betrachten wir nun die Kunstbeschreibungen in ihrer Gesammtheit, so ist festzustellen, dass Ovid in ihnen die Grenzen des künstlerisch Darstellbaren nirgends überschreitet, oder vielmehr genauer, dass er nicht über das hinausgeht, was die Kunst seiner Zeit darstellen konnte. Alle die Bilder, die er uns vor Augen führt, haben entweder thatsächlich Analogien im Bereiche der damaligen Kunst oder könnten solche haben. Eine ganz allgemeine Beeinflussung des Dichters durch die bildende Kunst müssen wir damit von vorneherein zugeben. Die Phantasie des Dichters findet ihre Grenze an den Gesetzen der bildenden Kunst. Allerdings fanden wir nicht überall die gleiche künstlerische Darstellungsweise, vor allem nicht überall die gleiche Klarheit und Durchsichtigkeit der künstlerischen Composition; aber schon das eine Beispiel von dem Gewebe der Athene genügte zu dem Beweise, dass es dem Dichter an Kunstverständnis nicht fehlte.

Durch das bisher Angeführte sind uns die Grenzen gegeben, innerhalb deren sich die folgende Untersuchung bewegen muss. Wir haben gesehen, dass der Dichter eine ganze Reihe von Künstlern und Kunstwerken erwähnt; wie er aber hier nie über das hinausgeht, was Gemeingut der Gebildeten gewesen zu sein scheint, so dürfen wir auch im Folgenden Beziehungen und Anspielungen auf Kunstwerke nur da suchen, wo die Kenntnis dieser Kunstwerke als allgemein verbreitet vorauszusetzen ist. Ferner haben wir an den aus dem Gebiete der Kunst herausgegriffenen Gleichnissen gesehen, dass vor allem die äusserliche Schönheit es ist, die den Künstler anzieht; es werden also hauptsächlich Aeusserlichkeiten und Details sein, auf die wir unser Augenmerk zu richten haben. Endlich aber haben die Kunstbeschreibungen gezeigt, dass der Dichter überhaupt von der Kunst gelernt hat und dass wir also auch sonst das Recht haben danach zu fragen, ob nicht die Darstellung des Dichters

---

2) Vergl. darüber auch Schönfeld a. a. O. S. 13.

selbst aus, dass man Helden und Götter vor allem durch die Dichter kennen lerne. Aber das hindert ihn nicht an einer andern Stelle, ex Pont. II 8, 61, zu betonen, dass die Menschen die Götter nur aus den Bildern, die die Kunst geschaffen, kennen lernten; und von Venus speziell sagt er A. A. III 401:

„Si Venerem Cous nusquam posuisset Apelles
  Mersa sub aequoreis illa lateret aquis."

Wenn er sich ferner Trist. II 521 ff. wegen seiner etwas lasciven Poësie entschuldigt, führt er neben den Dichtern, die es gerade so gemacht hätten wie er, auch die Bildwerke an, die ebenso wie seine Verse schlechten Einfluss üben könnten[1]. Wie aber die Dichter, die er erwähnt, seine Lehrmeister gewesen sind, so dürfen wir auch von den Gemälden dasselbe voraussetzen. Jedenfalls wäre es einseitig immer und überall nur nach den litterarischen Quellen zu spüren, ohne zu bedenken, dass auf einen phantasievollen Dichter die lebendige Anschauung oft mehr wirken musste als die gelegentliche Aeusserung irgend eines seiner litterarischen Vorgänger[2]. Ein Kunstenthusiast war Ovid gewiss nicht; das sehen wir schon daraus, dass er von seiner Reise nach Griechenland und Kleinasien alles mögliche Schöne und Wunderbare erzählt, die Kunstschätze jener Länder aber mit keiner Silbe erwähnt[3], und in dieser Beziehung hat Brunn wohl Recht, wenn er von Ovid sagt, dass er sich

---

[1] Er nimmt hier für sich in Anspruch, was Horaz ep. III 9 ausgesprochen hat:
  „pictoribus atque poëtis
  quidlibet audendi semper fuit aequa potestas."

[2] Die Abhängigkeit Ovids von litterarischen Quellen ist schon häufig und teilweise vielleicht zu stark hervorgehoben worden, vergl. u. a. nur Merkel, Ovidii opera, in praefatione; Zingerle, Ovid und sein Verhältnis zu den Vorgängern und gleichzeitigen römischen Dichtern; Gustav Plaehn, de Nicandro aliisque poëtis Graecis ab Ovidio adhibitis. Winter, de fastis Verri Flacci ab Ovidio adhibitis; Magnus, Ovid und die römischen Elegiker, Jahresb. des phil. Vereins zu Berlin V S. 296—319, XV 335—346.

[3] Vergl. dagegen, wie Properz von seinen Reisen spricht carm. IV 21. 29 ff.

um Kunstwerke wenig gekümmert zu haben scheine [1]). Aber ein Bücherwurm war er ebensowenig, der immer seine litterarische Quelle neben sich gehabt und seine Gedichte überallher zusammengeflickt hätte. Wenn sich also bei dem Dichter Stellen finden, die an die Darstellung der Künstler erinnern, so ist die Möglichkeit, dass der Dichter durch künstlerische Reminiscenzen beeinflusst ist, ebenso vorhanden als die andre, dass er litterarischen Quellen folgte, und es wird sich in jedem einzelnen Falle nur darum handeln, auf welcher Seite die grössere Wahrscheinlichkeit liegt.

Bevor wir nun zur Behandlung des Einzelnen übergehen, soll der Umkreis der zu behandelnden Stellen noch näher fixiert werden. Gar oft stimmen Dichter und Künstler in der Darstellung überein, ohne dass an eine Abhängigkeit des einen vom andern zu denken ist. Es gilt das für alle die Stellen, wo wir es erwiesenermassen mit ganz allgemeinen Anschauungen zu thun haben, mögen dieselben nun ihren Ursprung in der Darstellung der Künstler haben oder nicht. Wenn Cupido Am. II 5, 1 'pharetratus' oder Minerva Am. II 6, 35 'armifera' genannt wird, wenn Juppiter Am. II 5, 52 'trisulca tela' und Apollo Am. II 1, 12 eine 'lyra' oder Am. III 3, 29 einen 'arcus flexibilis' führt, so ist es ohne weiteres klar, dass hier der Dichter nicht vom Künstler abhängt, sondern seine Götter so zeichnet, wie sie in seinem Geiste lebten. Das gilt auch von den Stellen, wo die Götter vom Dichter ohne Namennennung blos nach ihren äusserlichen Attributen gekennzeichnet werden. Amor heisst Am. II 7, 27 nur 'puer volatilis', Met. X 525 'puer pharetratus'; Ceres Ep. II 42 'taedifera dea'; Mercurius Met. II 708; VIII 617 caducifer; Neptun Met. VIII 596 'tridentifer', Met. XI 202 'tridentiger'; Pan Fast. IV 752 'semicaper deus'. Hieber gehört auch der Ausdruck 'anguipedes' für die Giganten Met. I 184 und 'securigerae puellae' für die Amazonen Ep. IV 117. Das alles sind ganz allgemein gewordene Bezeichnungen, unzähligemal schon von Dichtern angewendet, so dass wir bei Ovid nicht mehr fragen können, wem er sie entlehnt. Wir haben es vielmehr nur mit den Stellen zu thun, wo der Inhalt der Darstellung die Frage nach der Quelle des Dichters überhaupt berechtigt und die Art der Darstellung auf die bildende Kunst hinzuweisen scheint.

---

[1]) Vergl. Brunn a. a. O. S. 277.

II.

Von diesen allgemeinen grundlegenden Betrachtungen wenden wir uns nun zu den einzelnen Stellen, die uns den Gedanken nahe legen, dass Ovid unter dem Eindrucke der ihn umgebenden Kunstwerke dichtete. Eine Besprechung derselben nach der Reihenfolge der Ovidischen Schriften würde zu viele Wiederholungen verursachen und uns infolgedessen zu weit führen; ein kunstarchäologischer Commentar zu Ovid mag das einmal besser besorgen. Eine methodische Anordnung der einzelnen Stellen je nach der grösseren oder geringeren Wahrscheinlichkeit, mit der wir sie auf künstlerische Vorbilder zurückführen dürfen, wäre zu unsicher und schwankend, da wir bei den meisten Stellen zu einem positiven Resultat nicht gelangen können. Ich ziehe es daher vor, die Stellen stofflich zu ordnen; da die hier in Frage kommenden Stoffe sämmtlich dem Gebiete der Mythologie angehören, so ergibt sich damit der Gang der Untersuchung von selbst. Es wird sich darum handeln, wo Ovid in der Darstellung seiner Götter und Heroen Kunstwerke vor Augen gehabt hat; an der Hand der Kunstmythologie werden wir versuchen von diesem Gesichtspunkte aus die Frage nach dem Verhältnis der Ovidischen Dichtung zur bildenden Kunst zu lösen. In diesem Abschnitt werden die Götter, im folgenden die Heroen behandelt werden.

Juppiter.

Met. I 178 wird der König der Götter beschrieben, wie er in der Götterversammlung den Vorsitz führt:

„celsior ipse loco sceptroque innixus eburno".

So stellt ihn auch die bildende Kunst dar[1]; doch kann hier von einer Abhängigkeit des Dichters nicht die Rede sein. Er gibt uns das Bild, wie es überhaupt in der Vorstellung der Griechen und Römer lebte, die sich den thronenden Juppiter nach Art der irdischen Könige dachten. So sagt der Dichter

---

1) So war sein Bild in der cella und im Giebelfeld des Capitolinischen Tempels; vergl. darüber auch O. Müller, Handb. der Archäologie³ § 350, 1.

selbst an einer anderen Stelle, wo er ein Bild des Juppiter beschreibt, Met. VI 74: „Jovis est regalis imago." Vielleicht denkt der Dichter an der obigen Stelle speciell an Augustus, wie er auf dem Tribunal sitzt; das ist um so wahrscheinlicher, da er kurz vorher die Götterburg 'Palatia caeli' nennt. — Fast. V. 732 wird der Adler des Juppiter 'fulva' genannt. Auch dies bezieht sich sicherlich nicht auf eherne Statuen oder auf Gemälde, sondern der Dichter entlehnt hier seine Farben der Natur selbst. Richtig bemerkt Peter zu dieser Stelle[1]), dass auch Vergilius dem Adler diese Farbe zuschreibt Aen. XI 751; XII 247. Da Ovid Met. XI 771 auch den Wolf und Met. V 546 den Uhu 'fulvus' nennt, so kann die Farbe offenbar nicht „dunkelblau-gelb" bezeichnen, wie Peter meint, sondern muss als die Bezeichnung für eine Mischung von „braungelb-grau" gelten; das stimmt für alle drei Thiere. Jedenfalls ist es unnötig und sehr gekünstelt, wenn man, wie es auch schon versucht wurde, den Ausdruck Ovids auf die Farbe der Augen bezieht.

Ausführlich hat Ovid die Liebesabenteuer Juppiters beschrieben, am ausführlichsten und häufigsten den Raub der Europa. Hier haben wir den ersten Fall, wo wir mit Sicherheit annehmen können, dass dem Dichter Bildwerke, wie sie heute noch unter den Campanischen Wandgemälden vorhanden sind, vor Augen schwebten. Es gehören hieher die Stellen Am. I 3, 24; Met. II 873; VI 104; Fast. V 607, wo die über das Meer reitende Europa beschrieben wird. Nachdem früher schon öfters auf den Zusammenhang dieser Stellen mit den diesbezüglichen Campanischen Wandgemälden hingewiesen wurde[2]), hat Schoenfeld[3]) den Nachweis hiefür in gründlicher und erschöpfender Weise geliefert. Der Dichter hat in seiner Darstellung die Details dem Künstler abgesehen: die Haltung des Kopfes, die flatternden Haare, die Haltung der Hände, das Motiv des Gewandes, das alles stimmt so genau mit der Darstellung der Künstler überein, dass ein Zweifel über die Abhängigkeit des Dichters nicht mehr bestehen kann.

---

1) Ovidii Nasonis Fastorum libri sex 1874.
2) Vergl. O. Jahn, Denkschr. der Wien. Akad. 1870 phil. hist. Cl. S. 1. ff. — Blümner, Archäolog. Studien zu Lucian S. 78 ff. Overbeck, Griech. Kunstmythol. I S. 420 ff. Helbig a. a. O. S. 119.
3) A. a. O. S. 51—60.

Ebenso richtig haben Benndorf[1]) und Overbeck[2]) eine kurze Schilderung der Leda, Met. VI 109:

„Fecit olorinis Ledam recubare sub alis"

auf die lüsternen Darstellungen dieses Mythos bezogen[3]). Hier sind es allerdings nicht die malerischen Details, welche auf ein künstlerisches Vorbild schliessen lassen, sondern die ganze Auffassung des Vorgangs, wie sie sich allmählig für die künstlerische Darstellung herausgebildet hat. Dass dem Dichter thatsächlich solche Darstellungen vorschwebten, dürfen wir um so sicherer annehmen, da er hier, wie Met. VI 104 bei der Beschreibung der Europa, selbst Gemälde beschreiben will. Auch eine andere Stelle ist hieher zu beziehen. Am. II 4, 42 heisst es von Leda:

„Leda fuit nigra conspicienda coma."

Bei anderen Schriftstellern findet sich darüber nichts, dagegen erscheint es als sehr wahrscheinlich, dass die Künstler das Haar der Leda schwarz malten, um damit einen wirkungsvolleren Contrast zu der weissen Farbe des Schwanes zu erzielen[4]).

Auch bei dem Mythos der Jo, wie er von Ovid Met. I 568 ff. erzählt wird, ist schon öfters[5]) auf die Ähnlichkeit der dichterischen Darstellung mit den Campanischen Wandgemälden hingewiesen worden und Schoenfeld[6]) behauptet auch hier eine direkte Abhängigkeit des Dichters. Während nämlich nach der älteren Überlieferung[7]) Argus in wachendem Zustande von Mercurius getötet wird, lässt Ovid den Mercurius zuerst die Geschichte von der Syrinx erzählen und durch diese Erzählung den Argus einschläfern.

---

1) Archäolog. Zeitung 1865 S. 50.
2) A. a. O. I S. 509: „Es unterliegt keinem Zweifel, dass Ovid diese Classe — die Classe der liegenden Darstellungen — vor Augen hatte. Vergl. auch Schoenfeld a. a. O. S. 47.
3) Vergl. u. a. die Statue Clarac pl. 413, 710.
4) Ob Leda auf den Campanischen Wandgemälden schwarzes Haar hat, konnte ich nicht in Erfahrung bringen. Jedenfalls würde bei einer Darstellung, wie sie Jahn a. a. O. Taf. 198. 1 gibt, eine schwarze Farbe des Haares vorzüglich wirken.
5) Vergl. Panofka, Argus Panoptes II 1. S. 11; Helbig a. a. O. S. 113; Overbeck a. a. O. I S. 475: „Die Gemälde sind eine treffliche künstlerische Parallele zu Ovid."
6) A. a. O. S. 61 ff.
7) So Aesch. Prom. 680; Apollod. II 1, 13.

Dieselbe Auffassung finden wir in den Campanischen Wandgemälden[1]), in denen Mercurius dem neugierigen Argus die Syrinx hinreicht; beim Dichter sowohl als beim Maler spielt die Syrinx eine Rolle im Mythos. Schoenfeld hält das für eine Erfindung der bildenden Kunst und meint Ovid habe hier künstlerische Vorbilder nachgeahmt. Aber dazu fehlen uns doch alle Anhaltspunkte; die Erzählung des Dichters ist ganz einfach ohne alle malerische Färbung und gerade da, wo der Dichter etwas genauer schildert, beginnen die Differenzen zwischen seiner Darstellung und den Kunstwerken. Schoenfeld selbst hat dieselben richtig herausgefunden; hinzuzufügen ist nur noch, dass Mercurius auf den Gemälden ein Schwert nicht hat, während bei Ovid Argus von Mercurius mit dem Schwerte getötet wird[2]); ferner wird in den Gemälden die Syrinx übergeben, bei Ovid findet sich davon nichts, Argus fragt blos, von wem sie erfunden sei. Die Episode mit der Syrinx selbst aber kann recht wohl schon in der „Ἰοῦς ἄφιξις" des Callimachos enthalten gewesen sein[3]).

Pallas und Neptun.

Der Streit der Pallas und des Neptun um den Besitz des Landes Attika bildet die Hauptgruppe in dem Gewebe der Pallas und wird vom Dichter ausführlich beschrieben Met. VI 70—82. Die Schilderung stimmt in allen Einzelheiten mit der westlichen Giebelgruppe des Parthenon überein und der Gedanke liegt daher sehr nahe, dass der Dichter, der sich ja längere Zeit in Athen aufgehalten, Reminiscenzen an dieses bedeutende Kunstwerk verwertete. Bei der Wichtigkeit der Sache und ihrer eventuellen Bedeutung für eine Reconstruirung des Parthenongiebels ist eine ganze Litteratur über diese Frage ent-

---

1) Vergl. Helbig, Wandgemälde der vom Vesuv verschütteten Städte Campaniens, Nr. 135 ff.

2) Schoenfeld interpretiert die Worte: „tantummodo virga retenta est" dahin, dass Mercurius unbewaffnet zu denken ist. Aber aus v. 717 sehen wir, dass jene Worte sich nur auf die Attribute des Gottes beziehen können, indem er seine Flügelschuhe und seinen Hut ablegte und nur den Stab zurückbehielt.

3) Dieser Ansicht ist Otto „de fabulis Propert." II Grossglogau 1886 S. 7. Ebenso Plaehn „de Nicandro aliisque poetis Graecis ab Ovidio adhibitis" Halle 1882 S. 23.

dass ein direkter Zusammenhang der Beschreibung mit dem Kunstwerke, wenn nicht absolut sicher, so doch in hohem Grade wahrscheinlich genannt werden darf. Es gilt dies natürlich nur von den beiden Hauptpersonen. Als eigene Zuthat des Dichters muss es gelten, dass er den Streit vor den Augen der Zwölfgötter sich abspielen lässt; er erweitert damit selbstständig den Rahmen des Bildes. Nur ein Punkt ist es, der noch einer näheren Erörterung bedarf. Ovid schliesst die Beschreibung des Mittelbildes mit den Worten:

„operi victoria finis."

Unter 'opus' verstand man bisher das Wunderwerk der Pallas, die Schaffung des Ölbaumes, und interpretierte die Worte dahin: Der Sieg war das Ende d. h. der Lohn für das Werk. Nachdem diese Worte aber zu dem Gemälde gehören, müssen sie doch etwas bildlich Dargestelltes bezeichnen. Schoenfeld[3]) ist nun der Ansicht, dass Ovid sich den Ausgang des Kampfes auf dieselbe Weise dachte, wie er für den Parthenongiebel als wahrscheinlich gilt[4]), dass nämlich der Sieg Athenens nur durch das Bewegungsmotiv der beiden Kämpfenden ausgedrückt war, indem Neptun betroffen zurückweicht, Athene triumphierend die Lanze emporhebt. Möglich wäre das ja immerhin, aber in den Worten Ovids liegt hiefür nicht die geringste Andeutung. Sie scheinen überhaupt nach der bisherigen abstracten Deutung gar nicht in den Rahmen des Bildes hineinzupassen. Nun kann man aber „victoria" ebensogut gross schreiben, dann haben wir die Göttin Victoria. Sie ist 'operi finis'; unter 'opus' dürfen wir

---

1) Die wichtigsten hieher gehörigen Artikel sind: Welcker, Denkm. I S. 101 ff.; Stephani, Compte-rendu de la comm. imp. archéol. 1872 S. 5 ff.; Petersen, Archäolog. Zeitung 1876 S. 116 ff. Schoenfeld a. a. O. S. 14 ff. Robert, Hermes 1881 S. 60 ff. Overbeck, Geschichte d. griech. Plastik[3] I S. 294 ff.

2) Sie umfasst fast die Hälfte seiner ganzen Abhandlung S. 14—47.

3) A. a. O. S. 45.

4) Vergl. darüber Matz, Gött. gelehrt. Anzeig. 1871 p. 1952. Petersen, Archäolog. Zeitung 1876 S. 127; Herm. XVII 1, S. 124 ff. Wiener Studien V 1. S. 42 ff.

nun nicht mehr die Erschaffung des Ölbaumes verstehen, sondern 'opus' ist dann das Bild selbst, das Gewebe der Pallas. Für dieses Bild ist Victoria 'finis' d. h. der Dichter denkt sich die Victoria in dem Bilde dargestellt und zwar als 'finis' desselben, sie schliesst das Bild ab. Dass Pallas in die vier Ecken noch kleine Bilder einwebt, hindert nicht, dass schon vorher von einem Abschluss gesprochen werden kann; es handelt sich dabei eben nur um das Hauptbild, die Mittelgruppe.

Damit haben wir eine Deutung der Worte gewonnen, die es ermöglicht, uns eine klare Vorstellung von dem Bilde zu machen. Eine Victoria findet sich ja sehr häufig in den Monumenten bei einem Kampfe anwesend dargestellt; sie fliegt dem Sieger zu[1]). Speziell für unsern Fall haben wir ein treffliches künstlerisches Analogon auf der bei Kertsch[2]) gefundenen Hydria, auf der ebenfalls der Wettstreit der Minerva und des Neptun dargestellt ist. Auch hier ist Victoria anwesend und könnte sehr gut 'finis operi' genannt werden, indem sie in der Mitte des Bildes, mitten und oberhalb der beiden Kämpfenden, der Athene zugewendet in der Luft schwebt und das Bild nach oben abschliesst. Auch auf einem anderen bei Smyrna gefundenen Monumente findet sich Victoria zwischen den zwei Kämpfenden[3]). Es erscheint mir als nicht zweifelhaft, dass Ovid in dieser Weise sein Bild sich abgeschlossen dachte und dass auch hier künstlerische Reminiscenzen ihn beeinflussten. Vielleicht dürfen wir nun noch einen Schritt weiter gehen. Nachdem es als wahrscheinlich gelten muss, dass die Ovidische Schilderung durch Reminiscenzen an die Parthenonsculpturen beeinflusst ist, nachdem ferner auch die Kertscher Hydria in den Hauptfiguren unverkennbar an jene Sculpturen sich anlehnt, beidemal aber, sowohl in der Ovidischen Darstellung als in der Kertscher Vase zwischen den Gottheiten Victoria anwesend ist und durch sie der Sieg Athenens bezeichnet wird, so liegt der Schluss sehr nahe, dass sie auch im Parthenongiebel nicht fehlte, wenn sich auch Fragmente nicht gefunden haben. Die Carrey'sche Zeichnung lässt gerade die Stelle frei, wo wir sie uns hineindenken müssten. Als Wagenlenkerin für das Gespann der Athene, eine Figur,

---

1) Beispiele dieser Art bei Knapp, Nike in der Vasenmalerei 1876.
2) Compte-rendu Petersb. 1872 tab. I.
3) Athen. Mitt. 1882 tab. I.

die man bisher als Nike interpretierte, obwohl sie ungeflügelt war, müssten wir uns dann ein andres weibliches Wesen aus dem Bereiche der Mythologie heraus suchen.

Apollo.

Die Beschreibung des Apollo, wie sie sich an mehreren Stellen bei dem Dichter findet, stimmt vollständig mit den bildlichen Vorstellungen des Gottes als Citharöden oder Pythischen Siegers überein, für die bekanntlich Scopas den mustergiltigen Typus geschaffen hat [1]). So wird Apollo bald mehr, bald minder ausführlich geschildert: Am. I 8, 59; A. A. II 493; III 142; Met. I 451; II 600; III 421; XI 165. Der Gott ist geschmückt mit einem Lorbeerkranz, der seine blonden Locken umgibt, der Mantel wallt herab bis auf den Boden, in der Linken ruht die vergoldete Lyra, die Rechte hält das Plectron. Alle diese Züge finden sich schon bei früheren Schriftstellern, zuerst im homerischen Hymnus auf Apollo [2]); ganz ausführlich beschreibt ihn Tibull [3]). Es ist daher sehr gut möglich, dass Ovid hier nur seinen dichterischen Vorgängern folgt. Übrigens pflegten zu Ovids Zeiten die Citharöden in ganz ähnlicher Weise aufzutreten [4]); Ovid selbst schildert Fast. II 105 ff. den Arion offenbar in Erinnerung an die Wirklichkeit, und so mag auch bei der Art und Weise, wie er den Apollo darstellt, der Gedanke an das Aussehen eines Citharöden nicht ohne Einfluss gewesen sein. Darauf deuten auch die Worte, mit denen er Met. XI 169 die malerische Schilderung des zum Wettkampfe mit Pan auftretenden Gottes schliesst:

„artificis status ipse fuit."

Und trotzdem ist es gerade bei dieser Schilderung sehr wahrscheinlich, dass als drittes Moment auch die künstlerische Anschauung noch mitwirkte. V. 165 heisst es:

„palla verrit humum."

Wie kommt der Dichter gerade auf diesen Ausdruck, der

---

1) Vergl. Plin. N. H. XXXVI 52. Propert. II 31. Welcker, A. D II S. 51. O. Müller³ § 361, 4.

2) Vergl. die Verse 23, 182, 203, 574.

3) Tibull III 4, 22 ff. Dass Ovid sich öfters an Tibull anschliesst, zeigt Zingerle „Ovid und sein Verhältnis zu den Vorgängern".

4) Vergl. darüber Cornif. rhet. ad Her. 60.

doch nur auf einen mächtig Ausschreitenden, nicht auf einen Stehenden passt? Der Dichter hatte gar keinen Grund bei jenem Wettstreite den Gott einherschreitend darzustellen und in der ganzen Erzählung findet sich auch keine weitere Andeutung hiefür. Dagegen wurde der Gott vom Künstler ausschreitend gedacht und dargestellt, weil auf diese Weise durch die Bewegung des Gewandes ein gewaltiger Effect erzielt werden konnte und weil diese äusserliche Bewegtheit der innern Erregung und Begeisterung des Gottes entsprach. So finden wir den Gott in der bekannten Vatikanischen Statue[1]); von ihm kann das „palla verrit humum" im eigentlichsten Sinne gebraucht werden. Ob nun die Vatikanische Statue auf den Apollo des Scopas, der in Rom im Palatinischen Tempel aufgestellt war, zurückgeht, ist in neuerer Zeit allerdings stark angezweifelt worden[2]). Jedenfalls aber vertritt sie einen bekannten und weit verbreiteten Typus, dessen Erfindung schon auf die Zeit vor Ovid zurückgehen muss. Es liegt daher die Vermutung sehr nahe, dass eine Statue dieser Art dem Dichter vor Augen schwebte.

Diana.

Unter den römischen Dichtern hat, soweit uns bekannt, zuerst Vergil das Bild der Diana gezeichnet Aen. I 319 ff, wo er über die in eine Jägerin verkleidete Venus Folgendes sagt:

„Umeris de more habilem suspenderat arcum
Venatrix dederatque comam diffundere ventis,
nuda genu, nodoque sinus collecta fluentes."

Es unterliegt keinem Zweifel, dass hier dem Vergil das Bild der Diana vor Augen schwebte, wie dieses von den Künstlern dargestellt wurde und wie es uns in der Versailler Statue am besten erhalten ist. Auch bei Ovid finden wir Reminiscenzen an solche Dianadarstellungen. Die Stelle Met. X 536, wo er die Venus darstellt als „nuda genu, vestem ritu Dianae succincta" scheint sich allerdings ganz an die Darstellung Virgils anzulehnen[3]). Aber wenn er Met. I 695 von einer Nymphe sagt, sie sei

---

[1]) Müller, Denkm. a. K. 1, 141a. Zu vergleichen sind auch die Campanischen Wandgemälde, in denen wir dieselben Farben finden wie beim Dichter; Helbig a. a. O. Nr. 180 ff.
[2]) Vergl. Urlichs, Scopas S. 68 ff. Overbeck a. a. O. S. 17 ff.
[3]) Vergl. darüber Zingerle, a. a. O. II S. 85.

nach Art der Diana gegürtet — ritu Dianae cincta — und wenn er A. A. III 413 von einer Haartracht spricht, wie sie der Diana eigen ist, — coma more Dianae religetur —, so denkt er dabei nicht nur selbst an die künstlerische Darstellung der Göttin, sondern setzt das nämliche auch bei seinen Lesern voraus; mit den kurzen Worten 'ritu' oder 'more Dianae' erspart er sich so eine nähere Ausmalung.

Venus.

Dass der Dichter öfters Statuen der Venus erwähnt, wurde schon oben besprochen. Aber auch an solchen Stellen, wo Ovid nicht ausdrücklich von Bildwerken spricht, folgt er unverkennbar dem Beispiele der Künstler. A. A. II 613—14 heisst es von der Göttin:

„Ipsa Venus pubem, quotiens velamina ponit,
Protegitur laeva semireducta manu."

So stellten die Künstler die Venus dar und der Dichter überträgt nun das, was er an den Bildern der Göttin gesehen, auf diese selbst und spricht davon, gerade als wenn es eine Aktion der Göttin selbst wäre. Während es sich hier um eine Reminiscenz an den uns am besten in der Capitolinischen Venus erhaltenen Typus handelt, bezieht sich eine andere Stelle offenbar auf die Coische Venus des Apelles. Fast. IV 141 heisst es von ihr:

„litore siccabat rorantes nuda capillos."

Dass die Göttin den Wellen entstiegen, ist allerdings schon eine alte Tradition[1]), aber gerade der Moment, wo sie nackend am Ufer steht und die triefenden Haare trocknet, wurde vom Künstler erfasst und dargestellt. Wenn nun der Dichter dieselbe Situation mit denselben Farben schildert, so hat er hier von dem Künstler gelernt. Es kann dies hier als um so sicherer gelten, weil gerade diese Darstellung der Venus von dem Dichter häufig erwähnt wird, ihm also recht wohl bekannt gewesen sein muss.

Met. X 708 lässt der Dichter die Göttin auf einem Gespanne von Schwänen durch die Lüfte fahren — iunctis cygnis —.

---

1) Vergl. Hym. Hom. VI 3. Hes. Theog. 188. Ovid selbst sagt Ep. VII 60: „nuda Cytheriacis edita fertur aquis."

Schoenfeld¹) ist der Ansicht, dass Ovid hier künstlerische Vorbilder vor Augen habe. Unter den von ihm zusammengestellten Kunstwerken aber, in denen sich Venus in Verbindung mit dem Schwan findet²), ist nur eines enthalten, worauf ein Schwanengespann abgebildet ist. Es ist eine nicht eben ganz zuverlässige Gemme, auf der man überdies nicht einmal deutlich erkennen kann, ob Schwäne oder andere Vögel den Wagen ziehen³). Auf den anderen angeführten Kunstwerken reitet die Göttin auf dem Schwane selbst. In Kunstwerken ist also Venus mit dem Schwanengespanne noch nicht einmal ganz sicher erwiesen. Aber selbst wenn wir hier sichere Belege hätten, wäre damit eine Abhängigkeit des Dichters von dem Künstler noch lange nicht erwiesen. Der Dichter erzählt ja hier einfach, dass die Göttin auf einem Schwanengespanne durch die Lüfte fuhr, ohne auch nur im mindesten eine detaillierte Schilderung zu geben, die uns an Bildwerke erinnern könnte. Die Sache selbst aber ist in der Litteratur keineswegs neu. Schoenfeld selbst bemerkt richtig, dass schon bei Sappho Aphrodite auf einem Gespanne von Sperlingen fährt⁴). Dagegen scheint es ihm entgangen zu sein, dass auch das Schwanengespann schon vor Ovid sich erwähnt findet. Bei Horaz c. III 24. 14 lesen wir: „Venus Paphon iunctis visit oloribus." Ebenso ist an ein Schwanengespann zu denken, wenn die Göttin Hor. c. IV 1. 10 „ales purpureis oloribus" genannt wird. Als Göttin der Fruchtbarkeit hat Venus ein Gespann von Sperlingen, als Göttin des Meeres ein Gespann von Schwänen⁵). An künstlerische Reminiscenzen haben wir dabei ebenso so wenig zu denken, als wenn ihr an anderen Stellen als Göttin der Liebe ein Gespann von Tauben zugeschrieben wird, Met. XIV 597 und Am. I 2. 23, oder der Juno ein Pfauengespann Met. II 532; dem Pluto ein Gespann von schwarzen Rossen Met. V 360; der Ceres ein Drachengespann Met. VIII 785; der Cybele ein Löwengespann Met. X 704. Poësie und Kunst mögen bei der Ausbildung dieser Vorstellungen wechselseitig beigetragen haben,

---

1) A. a. O. S. 58.
2) Hinzuzufügen sind noch die von Cesnola angeführten Kunstwerke, Salaminia 1882 S. 4.
3) Müller-Wieseler, Denkm. a. K. II 287ᵇ. Vergl. auch Panofka, Archäol. Zeitung 1848 S. 300.
4) Lyr. Graec. ed. Bergk Sapph. 1, 9 ff.
5) Vergl. darüber Welcker, G. 2, 717. Preller, gr. Myth.² 1, 263 ff.

jedenfalls aber dürfen wir nicht, wenn nähere Anhaltspunkte fehlen, bei einfacher Erwähnung einseitig von künstlerischen Reminiscenzen sprechen.

Bacchus.

Schwieriger als bei irgend einem anderen Gotte ist es bei Bacchus zu einem bestimmten Resultate bezüglich dessen zu gelangen, was wir in der Darstellungsweise des Gottes dichterischen oder künstlerischen Einflüssen zuschreiben müssen. Nicht leicht wurde ein Gott so viel besungen und so häufig künstlerisch dargestellt und dazu kommt hier noch der Cultus des Gottes mit all seinen Ceremonien, der nicht weniger dazu beitrug das Bild des Gottes und seiner Begleiter zu einem Gemeingut aller zu machen. Wenn also der Gott in allbekannter Weise vom Dichter geschildert wird ex Pont. II 9, 31 als 'intonsus', Fast. VI 483 'hedera racemiferos capillos redimitus', Met. III 667 'racemiferis uvis frondem circumdatus'; wenn ihm Met. III 555 'madidi murra crines' und 'molles coronae', Met. III 666 'hasta pampineis frondibus velata', A. A. III 348; Ep. XIII 33; XV 24; Met. IV 21 'cornua'[1]) zugeschrieben werden, so wäre es zwecklos hier zu fragen, woher der Dichter seine Farben genommen hat.

Wichtiger sind zwei andere Stellen; Met. IV 20 wird Bacchus mit folgenden Worten gepriesen:

„Tu puer aeternus, tu formosissimus alto
conspiceris caelo; tibi, cum sine cornibus adstas,
virgineum caput est."

Und ganz ähnlich heisst es Fast. III 773:

„ipse puer semper iuvenisque videris
et media est aetas inter utrumque tibi."

Beide Stellen klingen fast wie eine Beschreibung zu den Darstellungen des Bacchus, wie sie seit der Zeit des Praxiteles Mode geworden waren. Die Formen des Gottes werden immer sinnlich schöner, jugendlicher, üppiger und weiblicher, die Hörner fallen weg oder werden doch verschwindend klein gebildet[2]).

---

1) Die Hörner finden sich schon lange vor Ovid bei Dichtern sowohl als bei Künstlern; vergl. Soph. fragm. 871; Eur. Bacch. 99; Tibull II 3. Hor. carm. II 19, 29. Über die Monumente vergl. O. Müller a. a. O. § 383. 9.

2) Als Beispiel mag dienen die Statue Mus. Neap. Borb. p. XI 10;

Allerdings ist es richtig, dass schon Euripides den Bacchus ϑηλύμορφος nennt, und es ist in hohem Grade wahrscheinlich, dass die Vorstellung von der weichlichen, halbweiblichen Natur des Gottes gerade durch seine Bacchen allgemeine Verbreitung fand [1]). So erinnert Callistratus, indem er eine von ihm dem Praxiteles zugeschriebene Statue des Gottes beschreibt [2]), ausdrücklich an die Tragödie des Euripides. Weiter ist es eine bekannte Thatsache, dass Ovid häufig dem Euripides folgt [3]). Trotzdem kann es nicht zweifelhaft sein, dass an den beiden oben angeführten Stellen der Dichter direkt Bilder des Gottes vor Augen hat. Er scheint den Gott selbst zu sehen und den Eindruck zu schildern, den er auf ihn macht; „conspiceris" und „videris" sagt er von dem Gotte. Den Sterblichen aber erscheint der Gott nur in seinem Bilde.

Der Thiasos des Bacchus.

Unter den Begleitern des Bacchus, den Satyrn, Panen und Faunen, wird von den römischen Dichtern ein bestimmter Unterschied nicht mehr gemacht. Sie alle werden nach Art des griechischen Pan geschildert als 'semicapri dei', häufig mit der Fichte bekränzt [4]). So auch Ovid; er nennt den Pan 'semicaprum deum' Met. XIV 515; 'pinu caput praecinctum' Met. I 698; 'pinu tempora nexa gerentem' Fast. I 412; ebenso den Faunus 'semicaprum deum' Fast. IV 752; V 101; 'bicornem' Fast. V 99; 'cornigerum caput pinu praecinctum' Ep. V 147; 'cornipedem Fast. II 361. Eben dieselben Attribute schreibt er den Gottheiten zu, wenn er von ihnen in der Mehrheit spricht; Met. XIV 637

---

auch die Campan. Wandgemälde sind zu vergleichen, Helbig a. a. O. N. 381 ff.

1) Zu vergleichen sind die Stellen Bacch. 353, 453, 455, 457, 493 u. a. F. Back „zur Geschichte der griech. Göttertypen" I. N. Jahrb. für Phil. u. Päd. 1887 S. 455 ist der Ansicht, dass Euripides Bildwerke vor Augen hat.

2) stat. 8.

3) Vergl. darüber Kalkmann, de Hippol. Euripid. quaestiones 1882; Max Meyer, de Eurip. mythopoeia 1883; der Protes. des Euripides, Hermes 1885 S. 101; Bongert, de fabula Phaethontea 1885; Knaak, quaest. Phaethont. Phil. Unters. v. Kiessling u. Wilamowitz VIII 1886.

4) Vergleiche darüber Gerber a. a. O. S. 291. Preller, Röm. Mythol. I S. 391. Wieseler „de Pane et Paniscis atque Satyris cornutis" 1365.

nennt er die Pane 'pinu cornua praecinctos'; Ep. IV 49 und Fast. II 258 die Faune 'bicornes'. Die Satyrn, obwohl oft erwähnt, werden doch nirgends näher beschrieben. Die Kunst hat die Umgebung des Bacchus in derselben Weise dargestellt¹); von einer Abhängigkeit des Dichters von künstlerischen Vorbildern kann aber an keiner der oben angeführten Stellen die Rede sein. Wir haben es hier mit ganz vulgären Vorstellungen zu thun; die Ausdrücke semicaper, bicornis, pinu praecinctus u. s. w. sind förmliche Epitheta geworden. — Weit malerischer beschreibt der Dichter die weibliche Umgebung des Bacchus, die rasenden Bacchantinnen. Met. IV 6 werden sie aufgefordert, die Brust mit Fellen bedeckt, mit flatternden Haaren, grünende Thyrsusstäbe in den Händen den Gott zu feiern. Aber auch die Bacchantinnen sind schon vor Ovid so unendlich oft Gegenstand der Litteratur gewesen²) und spielten nebenbei bei den Bacchusfesten eine so grosse Rolle, dass es zum mindesten sehr zweifelhaft ist, ob Ovid hier gerade Kunstwerke vor Augen hatte.

Fast. I 421 ff. gibt der Dichter eine detaillierte Schilderung, wie Priapus eine Nymphe beschleichen will. Hier ist bereits Helbig der Ansicht, dass der Dichter unter dem Einflusse künstlerischer Darstellungen steht³). Schon Nicomachus malte 'bacchas obreptantibus Satyris'⁴). Besonders aber finden wir unter den Campanischen Wandgemälden eine ganze Reihe, auf denen dargestellt ist, wie Satyrn sich an schlafende Bacchantinnen heranschleichen⁵). Die Darstellung stimmt auf das genaueste mit der Schilderung des Dichters überein, nur dass hier nicht wie bei Ovid Priap, sondern ein Satyr der Attentäter ist. Die Nymphe liegt schlaftrunken unter einem Baume am Boden, der lüsterne Gott naht vorsichtig (suspenso gradu), er freut sich und grinst und zieht die Decke von den Füssen der Schlafenden: alle diese Züge finden sich beim Dichter genau so wie beim Künstler. Der Dichter nennt die Nymphe noch 'nivea' und auch das stimmt mit

---

1) Vergl. darüber O. Müller § 386.
2) Ganz ähnlich wie Ovid schildert schon Catull die Bacchantinnen c. 63.
3) Untersuchungen über Camp. Wandmalerei S. 120.
4) Vergl. Plin. XXXV 109; Brunn a. a. O. II S. 168.
5) Vergl. Helbig, Campanische Wandgemälde Nr. 542 ff., 559 ff.

den Gemälden, wo im Gegensatz zu dem dunkleren Satyr für die Nymphe ein besonders schneeiges Colorit gewählt ist. Bei dieser Übereinstimmung der Details können wir um so sicherer annehmen, dass der Dichter dem Künstler gefolgt ist, als wir in der Litteratur vor Ovid eine analoge Schilderung nicht finden [1]).

An einer anderen Stelle, Fast. VI 335 ff., wo Priapus dasselbe Stückchen der Vesta gegenüber probiert, hat sich Ovid auf eine ganz kurze Erzählung beschränkt.

Ganz sicher endlich nimmt Ovid auf künstlerische Darstellungen Bezug, wenn er Am. I 14, 21 seine Geliebte, die er im reizenden Negligé, mit noch nicht geordneten Haaren, halbzurückgelehnt auf einem Polster liegend findet, mit einer 'Threicia Bacche' vergleicht und sie ebenso 'neglecta decens' nennt wie diese,

„cum temere in viridi gramine lassa iacet."

Diese Vergleichung hätte gar keinen Sinn, wenn nicht der Dichter durch den Hinweis auf künstlerische Darstellung das Bild seiner Geliebten klarer vor unseren Augen entstehen lassen wollte [2]). Solche Darstellung von nachlässig ruhenden Bacchantinnen, bald mit grösserer, bald mit geringerer Decenz gegeben, bildeten ein beliebtes Sujet der Kunst, besonders der Malerei [3]); die Anspielung Ovids musste also von jedem Leser verstanden werden.

Amor.

Der bogenspannende Amor wird vom Dichter an mehreren Stellen detailliert geschildert; so Am. I 1, 23:

„lunavitque genu sinuosum fortiter arcum"
und Met. V 383:

„oppositoque genu curvavit flexile cornu."

---

1) Theocrit erzählt im dritten Epigramm, wie Pan und Priapus den Daphnis beschleichen wollten, ohne jedoch nähere Details anzuführen. Chairemon soll nach Athen. XIII p. 608 B im Mondschein ruhende Mädchen beschrieben haben. Etwas Weiteres wissen wir darüber nicht.

2) Schon Dilthey macht auf diese Stelle aufmerksam, Rhein. Mus. XXV S. 153.

3) Das beweist ihr häufiges Vorkommen unter den Campanischen Wandgemälden; vgl. Helbig a. a. O. Nr. 542 ff. 559 ff. 566. Auch dem Properz scheinen ähnliche Bildwerke vor Augen zu schweben, wenn er c. I 3, 5 ff. seine Cynthia mit einer ruhenden Bacchantin vergleicht.

Helbig findet in diesen Stellen eine Reminiscenz an den bekannten Typus der Berliner Statue[1]). Und in der That der gewaltig geschweifte Bogen, das gekrümmte und gegen den Bogen gespannte Knie, die aufgewendete Kraftanstrengung, das sind lauter Züge, die sich in dem Kunstwerke genau wiederfinden. Die Sache selbst ist ja eine ganz allgemein bekannte und keineswegs neu[2]), aber die Details der Schilderung, diese etwas eigentümliche Art des Bogenspannens, wie sie gewiss nicht notwendig oder auch nicht einmal gebräuchlich war, bei dem Künstler aber bedingt wird durch das Grössenverhältnis zwischen dem Schützen und dem Bogen, das gerade für einen Künstler etwas Reizvolles haben musste, während es für den Dichter viel ferner lag, sie lassen es in hohem Grade wahrscheinlich erscheinen, dass hier der Dichter Kunstwerke vor Augen hatte. Dass Kunstwerke dieser Art sehr verbreitet waren, können wir aus der grossen Anzahl der uns noch erhaltenen Monumente schliessen[3]).

Auch das Bild des trauernden Amor wird von Ovid mit lebhaften Farben gemalt. Amor trauert über den Tod des Tibull Am. III 9, 7—12:

„Ecce, puer Veneris fert eversamque pharetram
et fractos arcus et sine luce facem.
Aspice, demersis ut eat miserabilis alis
pectoraque infesta tundat aperta manu;
excipiunt lacrimas sparsi per colla capilli."

Durch das wiederholte „ecce" und „aspice" steigert hier der Dichter noch den Effect der an und für sich schon malerischen Schilderung; wir glauben mit eigenen Augen das Elend und den Jammer des armen Kleinen zu sehen. Geradeso nun zeigen uns ihn die Maler, am häufigsten bei der verlassenen Ariadne[4]): Er hält den ausgeschütteten Köcher in den Händen, wischt sich die Thränen ab und lässt die Flügel hängen. Auf

---

1) A. a. O. S. 120.
2) Vergl. z. B. Prop. III 13, 2. Auch Ovid spricht noch an vielen anderen Stellen von Amor als Bogenschützen z. B. Rem. A. 435 Met. I 455.
3) Vergl. darüber O. Müller § 391, 3. Besonders häufig findet sich der Typus auch auf Gemmen, vergl. Cades 13 B 30.
4) Vergl. Helbig a. a. O. Nr. 1223 ff. O. Müller § 412, 1.

Gemälden des Narcissus¹) steht er traurig da mit gesenktem Köpfchen und hält eine ausgelöschte Fackel zu Boden. In dieser Stellung findet er sich sehr häufig auf Römischen Grabdenkmälern²). Ganz stimmt allerdings keine Darstellung mit der Schilderung des Dichters überein. Bei dem Dichter finden wir zu einem Bilde vereinigt, was in Kunstwerken nur vereinzelt vorkommt. Es ist also auch nicht wahrscheinlich, dass der Dichter hier gerade ein bestimmtes Bild vor Augen hat; dass er sich aber trotzdem in der Ausmalung der einzelnen Züge bewusst oder unbewusst an Kunstwerke anlehnt, kann kaum als zweifelhaft gelten. Es ist hier übrigens nicht zu übersehen, dass der Dichter in der Schilderung des trauernden Amor auf eine Stelle des Tibullus selbst anzuspielen scheint. Carm. II 6, 15 ruft Tibull, der von Amor stark geplagt wird, aus: „Utinam aspiciam fractas sagittas, exstinctas faces." Wenn nun hier bei dem Tode des Tibull Ovid den Amor mit zerbrochenen Pfeilen und ausgelöschter Fackel auftreten lässt, so scheint er gleichsam auf jene Stelle zu antworten, dass nur dem Tode gegenüber Amor die Pfeile zerbricht und seine Fackel löscht.

Am. I 2, 23 ff. wird der Triumphzug des Amor in überaus prächtiger Weise beschrieben. Hier ist es nicht zweifelhaft, dass der Dichter der Wirklichkeit folgt und die Pracht eines wirklichen Triumphes vor Augen hat. Die menschlichen Verhältnisse werden einfach auf den Gott übertragen.

Gratien.

Zu Ovids Zeiten wurden die Gratien in der bekannten Art und Weise, die auch in der modernen Kunst noch eine grosse Rolle gespielt hat, abgebildet, wie sie in vollständiger Nacktheit dastehend sich gegenseitig mit den Händen umschlingen³). Unzählige Beispiele dieser Art sind erhalten, ganz besonders in der sogenannten Kleinkunst⁴). Auch die Dichter stellen sie häufig so dar, besonders Horaz⁵), wahrscheinlich im Anschluss

---

1) Vergl. Helbig a. a. O. Nr. 1350 ff. O. Müller § 412, 3.
2) Vergl. Clarac 650 B. 1504 a; 762, 1861.
3) Wer sie zuerst so gebildet, ist schon dem Pausanias unbekannt, vergl. IX 35, 2.
4) Vergl. die Beispiele, welche Krause anführt: Musen, Gratien, Horen, Nymphen S. 70. O. Müller § 392, 3.
5) carm. I 30, 4; III 19, 16; 21, 22; IV 7, 6.

an die Künstler. Bei Ovid finden wir sie nie in dieser Weise beschrieben; er zeichnet sie überhaupt nur einmal etwas ausführlicher, Fast. V 219. Hier flechten sie Kränze. Ovid schreibt ihnen hier also das zu, was sonst in der Regel und speziell in der Kunst Sache der Horen ist[1]). Ich glaubte das nicht übergehen zu dürfen, da es auffällig erscheinen kann, dass gerade Ovid, der doch so viel von weiblicher Schönheit gedichtet hat, nirgends an diese Ideale weiblicher Schönheit erinnert. Für mehr als einen reinen Zufall ist es nicht zu halten.

Musen.

Während in der früheren Kunst die Musen ohne bestimmt ausgeprägten Unterschied dargestellt wurden, erhielt seit der Alexandrinischen Zeit jede einzelne Muse ihren eigenen Typus oder wenigstens spezielle Attribute[2]). Bei den Dichtern finden wir davon vor Ovid noch keine Andeutung. Horaz, der sehr häufig von den Musen redet, zeichnet sie nirgends genauer; er gibt ihnen wohl Musikinstrumente als Attribute, aber ganz unterschiedslos dasselbe Instrument bald dieser, bald jener[3]). Auch Ovid unterscheidet sie an den meisten Stellen nur dem Namen nach, ohne sie näher zu beschreiben, vergl. A. A. I 264; Fast. V 54; VI 801. Calliope wird etwas ausführlicher geschildert Met. V 338 und Fast. V 79. Sie hat langherabwallendes mit Epheu bekränztes Haar. Auch in der Kunst finden wir Musen in dieser Weise dargestellt[4]); doch wäre es hier sehr gewagt daraus den Schluss zu ziehen, dass Ovid an den angeführten Stellen gerade künstlerische Darstellungen vor Augen gehabt. Den Epheu nennt Horaz überhaupt 'praemium frontium doctarum'[5]); und gelöste, langherabwallende Haare kommen allen von der Gottheit Begeisterten, also auch den Musen zu.

Ganz ausführlich schildert der Dichter Am. III 1, 7 ff. die

---

1) Blumen in den Händen haltend kommen auch die Gratien häufig in der Kunst vor; vergl. u. a. Müller-Wieseler D. a. K. 2, 724. Helbig a. a. O. Nr. 856 ff.
2) Vergl. O. Müller § 393, 2.
3) Zu vergleichen sind die Stellen carm. I 24, 3 und III 4, 1; ferner carm. I 12, 2 und IV 6, 25 und andre.
4) Vergl. Krause a. a. O. S. 68.
5) carm. I 1, 29.

Elegie und die Tragödie. Die Schilderung der Elegie geht offenbar viel mehr auf das Metrum, als auf die Persönlichkeit. Dagegen erinnert das Bild, das der Dichter von der Tragödie entwirft, in lebhafter Weise an künstlerische Darstellungen, speziell an die bekannte Statue des Vatikanischen Museums [1]). Es heisst von ihr v. 11 ff.

„Venit et ingenti violenta Tragoedia passu
fronte comae torva, palla iacebat humi;
laeva manus sceptrum late regale movebat,
Lydius alta pedum vincla cothurnus erat."

Und später v. 32 wird gesprochen von ihrem „caput densum caesarie." Alle hier angeführten Züge stimmen aufs genaueste mit der künstlerischen Darstellung überein: das gewaltigdichte Haupthaar, die finstere Stirne, der zum Boden reichende Mantel, der hohe Kothurn. Die ganze Erscheinung kann vom Dichter mit Recht 'violenta' genannt werden. Ganz besonders ist es ferner noch ein Punkt, der uns mit fast absoluter Sicherheit den Schluss ziehen lässt, dass Ovid Statuen wie die oben angeführte gekannt und an unserer Stelle vor Augen gehabt hat [2]). Er lässt die Tragödie auftreten „ingenti passu". Das ist ganz offenbar eine Erfindung des Künstlers, der damit die gewaltige Kraft und den erhabenen Schwung der Tragödie zum Ausdruck bringen wollte; gerade in der Vatikanischen Statue kommt dieser 'ingens passus' in gewaltiger, fast etwas übertriebener und unschöner Weise zum Ausdruck. Es ist nun kaum denkbar, dass der Dichter selbstständig und unabhängig von der Kunst genau den gleichen Gedanken gefunden hätte. Auffallend könnte nur noch das eine erscheinen, dass Ovid der Muse einen Scepter gibt, während sich das nirgends auf den uns erhaltenen Kunstwerken findet. Es mag dies wohl reiner Zufall sein; denn so gut wie andre Attribute tragischer Personen dürfte der Muse von den Künstlern wohl auch ein Scepter gegeben worden sein.

Tellus.

Bei der Schilderung des grossen Weltbrandes, den Phaëthon

---

1) Baumeister, Denkmäler des klass. Altertums S. 971 erwähnt bei Besprechung der Statue diese Stelle.

2) In Rom befanden sich viele Statuen der Musen. Vergl. Krause a. a. O. S. 61 ff. O. Müller § 393, 2. Cic. ad fam. VII 23 erwähnt Musenstatuen im Porticus des Metellus.

mit seinem Sonnenwagen verursacht hatte, zeichnet uns Ovid, Met. II 272 ff., die Tellus als personificierte Erde, wie sie bis zum Halse aus dem Erdboden herausragend, mit verbrannten Haaren und Asche in den Augen den Juppiter um Hilfe anfleht. Gerber[1]) vermutet, dass Ovid hier an Bildwerke sich anlehne. Und allerdings findet sich eine derartige Personification der Erde bei Dichtern vor Ovid nirgends, während in der Kunst, besonders in Darstellungen der Gigantomachie und der Erichthoniussage, Gaea häufig gleichsam aus sich selbst herausragend dargestellt wurde[2]). Speziell aber in Darstellungen des Phaëthonsturzes, von denen eine grosse Anzahl auf römischen Sarkophagen uns erhalten ist, findet sich Gaea nicht[3]); das einzige Beispiel, wo Gaea in ähnlicher Weise gedacht zu sein scheint, ein Gemälde des jüngeren Philostratus[4]), dürfte eher auf Ovid zurückgeben als dass es den umgekehrten Schluss erlaubte. Aber, ganz abgesehen davon, ist gerade hier nicht daran zu denken, dass der Dichter Bildwerke vor Augen hat. Der einzige Zug, den der Dichter der Kunst entlehnt haben könnte, ist der, dass Tellus bis zum Halse aus dem Boden herausragt. Wenn aber der Dichter in den vorhergehenden Versen den Neptun die Hände aus dem Wasser herausstrecken lässt, so lag es sehr nahe und wurde durch die Analogie geradezu verlangt, dass auch Tellus aus ihrem Elemente heraussieht. Es gibt uns also dieser eine Zug noch keine Berechtigung zu der von Gerber gemachten Annahme. Die ganze übrige Schilderung aber wird gewiss niemanden an Kunstwerke erinnern; im Gegenteil, Ovid hat hier seiner Phantasie alle Zügel schiessen lassen und uns ein ganz schauerlich groteskes Bild vor Augen gemalt, das allen Gesetzen künstlerischer Darstellung Hohn zu sprechen scheint.

Fortuna.

Wenn Ovid Trist. V 8, 15 der Fortūna Flügel zuschreibt,

---

1) A. a. O. S. 250.
2) Beispiele sind gesammelt bei Roscher, ausführl. Lexikon der griech. u. röm. Mythol. u Gaea S. 1578.
3) Vergl. Wieseler, Phaëthon. Göttingen 1887; O. Müller a. O. § 400, 1.
4) Phil. iun. I 11: „ἡ Γῆ χεῖρας ἄνω αἴρει ῥαγδαίου τοῦ πυρὸς εἰς αὐτὴν ἰόντος."

so bezieht sich das nicht auf künstlerische Darstellungen, sondern wird durch die Natur der Gottheit selbst erklärt, weshalb diese Flügel auch „ambiguae pennae" genannt werden. In der Kunst sind geflügelte Fortunen sehr selten[1]), bei den Dichtern werden sie häufig so dargestellt.

An anderen Stellen wird Fortuna geschildert als 'dea in orbe stans'; so Trist. V 8, 7 und ex Pont. II 3, 56. Ausführlicher ex Pont. IV 3, 31:

„Haec dea non stabili, quam sit levis, orbe fatetur,
quem summum dubio sub pede semper habet."

Hier fragt es sich zunächst, ob der Kreis einer Kugel oder eines Rades vom Dichter gemeint ist. Beides sind Attribute der Fortuna, durch die ihre Veränderlichkeit zum Ausdruck gebracht werden soll, und beide werden sie sowohl von Künstlern als von Dichtern der Göttin beigelegt[2]). Doch steht sie in der Regel nicht auf diesen Attributen; in der Litteratur wird ohne nähere Ausmalung der Situation einfach von der Kugel oder dem Rade der Fortuna gesprochen[3]), in bildlichen Darstellungen liegen die Attribute neben der Göttin[4]) oder sie stemmt auch den Fuss[5]) oder das Steuerruder[6]), das sie in der Hand hält, auf dieselben. Auf dem Rade stehend findet sie sich überhaupt nicht, weder in der Kunst noch in der Litteratur[7]). Dagegen wird die Darstellung auf einer Kugel sicher gestellt durch eine Stelle bei Pacuvius, f. 366 R.: „Fortunam insanam esse et caecam et brutam perhibent philosophi saxoque instare globoso praedicant volubili." Ebenso ist Fortuna auf einigen wenigen Kunstwerken auf einer Kugel stehend abgebildet[8]). Es ist daher

---

1) Vergl. O. Müller, a. a. O. § 398, 2. Preller, Röm. Myth.³ II S. 179. Hauptsächlich werden der Fortuna Panthea Flügel gegeben, vergl. Roscher a. a. O. u. Fortuna S. 1507 u. 1550 ff.

2) Vergl. darüber Gerhard, Griech. Mythologie § 979; Preller, Röm. Myth.³ a. a. O. O. Müller a. a. O. § 398.

3) Vergl. Plut. de fort. Rom. 4; Cic. ad Pis. X 22; Tibull I 5, 70; Hor. c. III 30, 10.

4) Z. B. Clarac. Taf. 454 B. n. 839 E.

5) Jahrb. d. Vereins 60. 1877 S. 52.

6) Matz-Duhn, Ant. Bildw. 1 Nr. 900.

7) Nemesis findet sich einmal so dargestellt auf einem Basrelief am Theater in Thasos; vergl. Berl. Philol. Wochenschr. VII 37.

8) Vergl. Müller-Wieseler D. a. K. II³ Taf. 29, 316 Cohen, Méd. imp. Galba 191, 199. Helbig a. a. O. Nr. 74, 943.

kaum zweifelhaft, dass auch Ovid an eine Kugel denkt und zwar nicht an eine Weltkugel, die auf den Wandgemälden der Fortuna beigegeben ist, sondern an eine gewöhnliche Kugel wie aus der angeführten Stelle ex Pont. IV 3, 31 hervorgeht. Es ist ein 'orbis non stabilis', das Symbol der Beweglichkeit. Die Idee der auf der Kugel stehenden Fortuna verdankt gewiss ihre Entstehung der Kunst; doch war sie, wie wir aus der Stelle bei Pacuvius sehen, schon vor Ovid in der Litteratur, speciell in der philosophischen verbreitet. Es ist daher fraglich, ob dem Dichter gerade künstlerische Darstellungen vor Augen schwebten; es fehlen alle Details in der dichterischen Schilderung, die uns einen bestimmten Anhaltspunkt geben könnten.

Gottheiten der Zeit.

Ovid lässt bei der Beschreibung der Sonnenburg die Gottheiten der vier Jahreszeiten am Throne des Sonnengottes stehen und beschreibt das Aussehen derselben Met. II 27 ff. in folgender Weise:

„Verque novum stabat cinctum florente corona,
stabat nuda Aestas et spicea serta gerebat,
stabat et Autumnus calcatis sordidus uvis
et glacialis Hiems canos hirsuta capillos."

In der Litteratur finden wir vor Ovid diese Gottheiten nirgends näher beschrieben, Schoenfeld ist daher der Ansicht, dass Ovid hier, besonders bei der Schilderung des Sommers und Frühlings, Kunstwerke nachahme [1]), und zwar glaubt Schoenfeld an dieser Stelle den Beweis ganz sicher erbracht zu haben [2]). Aber zunächst ist zu bemerken, dass keines der Kunstwerke, die Schoenfeld anführt, mit der Beschreibung Ovids völlig stimmt [3]). Im Gegenteil wurden bekanntlich die Horen von den Künstlern meistens anders dargestellt: die Künstler pflegten die Gottheiten nur durch ihre Attribute, nicht in der Darstellung der Person selbst zu unterscheiden. Ferner scheint die Darstellung des

---

1) A. a. O. S. 70 ff.

2) Neben der oben angeführten Schilderung der durch das Meer reitenden Europa ist dies die einzige Stelle, wo Schoenfeld sicher annimmt, dass Ovid Kunstwerke nachahme.

3) Zu den von Schoenfeld erwähnten Monumenten kommt noch ein andres, von Visconti beschrieben Bull. de Com. archeol. di Roma XIV 9.

Dichters überhaupt nicht mit Notwendigkeit auf die Annahme künstlerischer Vorbilder hinzuführen. Der Dichter hat noch an zwei anderen Stellen die Jahreszeiten beschrieben: Met. XV 199—223 und ex Pont. III 1, 11 ff. An beiden Stellen ist von künstlerischen Vorbildern keine Rede: an der ersten Stelle werden die Jahreszeiten mit den einzelnen Lebensabschnitten verglichen; das Jahr sei im Frühlinge einem Knaben, im Sommer einem Jünglinge, im Herbste einem Manne, im Winter einem Greise ähnlich. An der zweiten Stelle schliesst sich der Dichter in seiner Beschreibung nur an die Natur an. Wenn wir nun diese beiden Stellen mit der oben erwähnten vergleichen, so findet sich dort in dem Bilde der Gottheiten kein Zug, der nicht in vollständig genügender Weise hier erklärt würde. Met. II 27 wird der Frühling gemalt als 'cinctus florente corona'; ganz dieselben Worte finden sich ex Pont. III 1, 11, und Met. XV 202 heisst es vom Frühling:

„Omnia tunc florent florumque coloribus almus
  Riget ager". —

Met. II 28 heisst es vom Sommer, er sei nackt und trage Ährenkränze; ex Pont. III 1, 12 sagt der Dichter vom Sommer: „messorum corpora nuda vides." Der Dichter überträgt also an obiger Stelle das, was man an den Hauptrepräsentanten des Sommers, den Schnittern, sieht, auf die Gottheit der Jahreszeit selbst, er schildert sie als Schnitterin. Met. II 29 wird der Herbst 'sordidus calcatis uvis' genannt; dieselben Worte finden wir Fast. IV 897, und ex Pont. III 1, 13 wird ebenfalls ausdrücklich vom Herbste hervorgehoben, dass er Trauben bringt. Der Winter endlich wird Met. II 30 nicht anders beschrieben als Met. XV 212; an beiden Stellen ist er der Greis. Nach alledem ist es unwahrscheinlich, dass der Dichter gerade an der oben angeführten Stelle durch Reminiscenzen an Kunstwerke beeinflusst wird.

Gottheiten des Lichtes.

Ovid stellt die Gottheiten des Lichtes gerne mit Rossen fahrend oder auf einem Rosse reitend dar. Aurora hat rosenfarbige oder goldgelbe, Sol weisse oder purpurfarbige Rosse; ebenso hat Luna ein weisses Gespann. Von den Sternen haben Rosse Castor, Pollux, Mars und Lucifer; auch die Nacht besitzt ihr Rossegespann. Wir haben es hier mit altmythologischen Vorstellungen zu thun, die von Dichtern und Künstlern in glei-

Ovid häufiger als irgend ein anderer römischer Dichter diese Bilder anzuwenden pflegt ¹).

Speziell die Rosse des Sonnengottes werden von Ovid auch, geflügelt dargestellt; sie heissen Fast. III 416 'alati', Met. II 48 'alipedes'; II 153 'volucres', II 159 'pennis levati'. Diese letzte Stelle zeigt, dass wir auch die anderen Ausdrücke nicht bildlich, sondern wörtlich zu nehmen haben. So wurden die Sonnenrosse auch von den Künstlern dargestellt ²). Bei den römischen Dichtern vor Ovid finden wir diese Vorstellung nicht. Ob wir sie deshalb bei Ovid als Reminiscenz an bildliche Darstellungen erklären dürfen, muss dahingestellt bleiben. Es ist ebenso gut möglich, dass sich Ovid hier an die griechischen Dichter, speziell an Euripides angeschlossen hat ³).

Dem Sonnengotte selbst gibt Ovid einen Strahlenkranz aufs Haupt; er nennt ihn Ep. IV 159 'radiis frontem vallatus acutis', Fast. I 385 'radiis cinctus'. Der Strahlenkranz selbst heisst Met. I 768 'iubar radiis insigne coruscis', Met. IV 193 'radiata lumina'. Diese Strahlen sind so beschaffen, dass sie der Gott ablegen und andern aufsetzen kann, vergl. Met. II 41, 124. Aus den Sonnenstrahlen, mit denen der Gott die Welt erleuchtet, ist also eine regelrechte Strahlenkrone geworden. Die griechischen Dichter reden zwar oft von den „ἀκτῖνες Ἡλίου" und von dem Nim-

---

1) Die hiehergehörigen Stellen sind folgende:
Aurora: Am. I 8, 4 (equi rosei), Am. I 13, 2; A. A. III 180; Met. III 150 (crocei); Fast. IV 713 (rosei).
Sol: Am. II 1, 24 (equi nivei); A. A. I 330; Ep. VI 86; VIII 105; Met. II 48, 153; 475; IV 214; 632; VII 324; XV 418; Fast. II 74 (purpurei); III 146; IV 180; 688; V 610; Trist. I 8, 2.
Luna: Am. II 5, 58; Med. Fac. 42; R. A. 258 (nivei); Ep. XI 46; Met. II 208; Fast. IV 374; V 16; Trist. I 3, 24; auch Met. XV 790 (currus).
Castor und Pollux: Met. VIII 373 (candidi).
Mars: Fast. II 858.
Lucifer: Am. II 11, 56; Met. XV 189 (equus albus); Fast. II 154.
Nox: Am. I 13, 40. Fast. IV 674; ex Pont. I 2, 56 (equi pruinosi).

2) So viel mir bekannt nur auf Vasen; vergl. vor allem das bekannte Vasenbild Musée Blacas 17, 18.

3) Schon in dem Hymnus auf Ceres v. 69 heissen die Rosse τανύπτεροι ὥστ' οἰωνοί; vergl. ferner Eurip. El. 465; Or. 1001. —

bus, der den Gott umgibt.[1]), nie aber gehen sie soweit, dass sie dem Gotte eine förmliche Strahlenkrone aufsetzen. Dagegen findet sich eine solche sehr häufig in der Kunst der alexandrinischen Zeit und später in der römischen Kunst[2]) Von den römischen Dichtern hat zwar schon Vergil diese Darstellungsweise aufgenommen[3]), offenbar im Anschluss an die Kunst, doch dürfen wir auch bei Ovid annehmen, dass er bei der häufigen und detaillierten Schilderung des Strahlenkranzes direkt bildliche Darstellungen vor Augen hatte.

Gottheiten der Winde.

Dass Ovid ebenso wie es in Kunstwerken geschieht, den Windgottheiten Flügel zuschreibt, hat schon Schoenfeld bemerkt[4]), ohne jedoch daraus auf eine Abhängigkeit von künstlerischen Vorbildern zu schliessen. Er citiert eine Stelle aus Homer, Il. XXIII 214, wo es von den Winden heisst: „τοὶ δ' ὀρέοντο", und meint, dass hier schon die Windgottheiten geflügelt aufgefasst wären. Das liegt aber in dem Ausdrucke „τοὶ δ' ὀρέοντο" keineswegs; dasselbe Wort ὄρνυμαι wird gebraucht vom Feuer, vom Staub oder auch von einem ungestüm andringenden Helden. Die weitere Beschreibung Homers bezieht sich aber nur auf die elementare Gewalt der Winde, nicht auf die Gottheiten. Auch sonst finden wir nirgends in der Litteratur die Gestalt der Winde in concreter Weise näher beschrieben. Selbst in dem Mythus von Boreas und Orithyia, wo Boreas doch vollständig persönlich gefasst ist, ist nirgends wenigstens in den uns erhaltenen Darstellungen eine nähere Beschreibung des Windgottes enthalten[5]). Erst Vergil nennt Aen. I 317 den Eurus 'volucris'; doch fragt es sich hier noch, ob wir den Ausdruck 'volucris'

---

1) Vergl. darüber Stephani, Nimbus und Strahlenkranz Mém. de l'Acad. de St. Pét. ser. VI tom. IX S. 361 ff.
2) Vergl. darüber Stephani a. a. O. S. 25 ff.
3) Aen. XII 162 heisst es von Latinus:
„cui tempora circum
aurati bis sex radii fulgentia cingunt
Solis avi specimen."
4) A. a. O. S. 68.
5) Vergl. Plato Phaedr. 229 B. Apoll. Rhod. Arg. I 211, 5. Apollod. III 15, 2. Paus. I 19. Alle hiehergehörigen Stellen hat gesammelt Stephani, Mém. de l'Acad. de St. Pét. 7 S. 4: „Boreas und die Boreaden."

wörtlich nehmen dürfen. Dasselbe Prädicat wird von Vergil auch dem Rauche und den Geschossen beigelegt. An einer andern Stelle Aen. II 417 werden vielmehr die Winde reitend dargestellt¹). In ganz bestimmter unzweideutiger Weise spricht erst Ovid von den Flügeln der Windgottheiten; Met. VI 702 und Trist. III 10. 45 hat Aquilo Flügel, Met. I 264 Notus, Ep. XI 14 Eurus. Es mag ja immerhin Zufall sein, dass in der vorhergehenden Litteratur nirgends von geflügelten Windgottheiten die Rede ist; der Mythus von den Harpyien, die als Personificationen der Winde aufzufassen sind, beweist sogar, dass die Vorstellung von geflügelten Windgottheiten in den ältesten Zeiten schon vorhanden gewesen ist, und wenn den Söhnen des Boreas und der Orithyia, dem Calais und Zetes, überall Flügel zugeschrieben werden, so ist doch wohl anzunehmen, dass sie diese von ihrem Vater ererbten. Die Thatsache allein also, dass Ovid zuerst in der Litteratur geflügelte Windgottheiten erwähnt, würde den Schluss noch nicht rechtfertigen, dass er hier künstlerische Vorbilder vor Augen hat. Nun haben wir aber in der Beschreibung des Boreas noch weitere Details, die mit bildlichen Darstellungen übereinstimmen. Met. VI 685 wird er genannt

„horridus ira,
quae solita est illi nimiumque domestica vento."

Gerade so wird er auf Bildwerken dargestellt, mit wilder Miene und struppigen Haaren²). Weiter heisst es v. 707, dass er die Orithyia mit seinen Flügeln umfasst. Das stimmt auf das genaueste mit den bildlichen Darstellungen, speziell mit der bekannten auf Delos gefundenen Statue, in der die geraubte Jungfrau von den Flügeln des Gottes gleichsam umrauscht wird³). Wenn Ovid weiter von ihm sagt v. 705, dass sein Mantel den Boden fegt (ferrit humum), so trifft auch dieser Moment bei der Statue zu⁴). Dass aber die bildlichen Darstellungen gerade des

---

1) So auch Horaz carm. IV 4, 44. Die Vorstellung findet sich schon bei Homer, der Il. XX 221 von der Verwandlung des Boreas in ein Pferd erzählt.

2) Vergl. die Beispiele, die Stephani anführt a. a. O. S. 8. Welcker, Annali 29 S. 207; Stark, Annali 32 S. 341.

3) Archäolog. Zeitung 40, 339.

4) Auf den meisten bildlichen Darstellungen allerdings erscheinen die Windgottheiten mit kurzem Mantel. Doch findet sich auch sonst die lange palla z. B. Gerh. Ant. Vas. 152, 3. Monum. Grec. I 1874 Taf. 2.

Raubes der Orithyia sehr häufig waren, geht aus der grossen Anzahl der uns noch erhaltenen Monumente, speziell von Vasenbildern hervor. So kann es als wahrscheinlich gelten, dass Ovid zunächst in der Schilderung des Boreas durch Reminiscenzen an Kunstwerke beeinflusst wird.

Auch in der Art und Weise, wie Notus von Ovid beschrieben wird Met. I 265 ff., sind unverkennbar einzelne höchst malerische Züge enthalten. In erster Linie allerdings hat hier Ovid, ebenso wie bei der Schilderung des Boreas, die Natur selbst vor Augen: das schreckliche Dunkel, das den Gott des Regens begleitet, die auf seiner Stirne lagernden Nebel, die herabhängenden Wolken, die er mit der Hand zusammenpresst, der Donner und die vom Himmel herabgiessenden Wasserfluten, das alles ist der Natur selbst abgelauscht. Aber wenn der Dichter den personificierten Gott selbst ausmalt, wie alles an ihm trieft, das Haar, der Bart, die Gewänder und die Flügel, so macht es ganz den Eindruck, als hätte er hier von einem Künstler gelernt. Nun ist aber Notus unter den uns erhaltenen Monumenten nur einmal sicher erwiesen an dem sogenannten Turm der Winde[1]); hier aber ist er als Jüngling dargestellt mit einem Wassergefäss in der Hand. Dagegen stimmt ein andres Monument, jener sogenannte Juppiter Pluvius auf der Antoninsäule[2]), in ganz auffallender Weise mit der Schilderung, die Ovid von Notus gibt, überein. Dass wir es hier mit einem Windgotte zu thun haben, ist schon von anderen richtig erkannt worden[3]). Ferner ist es sehr wahrscheinlich, dass gerade diese Figur auf der Antoninsäule nicht Original ist, sondern ihrer Erfindung nach schon auf frühere Zeiten zurückgeht. Es ist also auch hier die Möglichkeit gegeben, dass Ovid derartige bildliche Darstellungen vor Augen hatte.

Gottheiten der Berge.

Vor Ovid finden wir nirgends in der Litteratur personificierte Berggottheiten[4]). Auch bei Ovid wird Atlas bei seiner Ver-

---

1) Stuart und Revett Antiqu. of Athens I chap. III.
2) Müller-Wieseler I 395.
3) Wieseler. D. a. K. ²I S. 97. Purgold, archäol. Bemerkungen zu Claudian S. 45.
4) Vergl. darüber Gerber a. a. O. S. 300 ff.

Ossa lapis fiunt."

Ebenso wird an anderen Stellen der verwandelte Atlas von dem Berge selbst nicht mehr unterschieden; Met. II 295 und XV 149 sind die 'umeri', auf denen er die Axe des Himmels trägt, 'umeri montis', d. h. der Bergrücken selbst. Ovid folgt hier dem Beispiele Vergils [1]). Nur an einer Stelle finden wir bei Ovid einen personificierten Berggott. Met. XI 157 ff. fungiert Tmolus im Streit zwischen Apollo und Pan als Richter und wird hier beschrieben als Gott seines Berges:

„Monte suo senior index consedit et aures
liberat arboribus; quercu coma caerula tantum
cingitur et pendent circum cava tempora glandes."

Gerber urteilt mit Recht über diese Stelle [2]): „Das ganze Experiment dürfte Ovid nach Analogie der Kunstwerke einmal versucht haben." Es ist nicht zweifelhaft, dass sich in der Kunst schon vor der Zeit Ovids Berggottheiten finden [3]). Sie dienten hier zur Bezeichnung der Lokalität und wurden dargestellt etwas erhöht, als gleichsam auf einem Hügel, hinter den übrigen Personen eines Bildes sitzend, mit einem Kranze um den Kopf[4]). Allerdings sind sie auf den uns erhaltenen Monumenten jugendlich gebildet. Speziell von dem Wettkampfe des Pan und des Apollo sind uns Abbildungen überhaupt nicht erhalten und auch in den Darstellungen des Kampfes zwischen Marsyas und Apollo, die wir ja wohl hieher beziehen dürften, lässt sich nirgends mit Sicherheit ein Berggott nachweisen. Trotzdem darf wohl hier die blosse Thatsache, dass Ovid überhaupt personificierte Berggottheiten schildert, als Reminiscenz an Kunstdarstellungen erklärt werden, da die Litteratur vor ihm solche überhaupt gar nicht kennt.

---

1) Vergl. Aen. IV 248 ff.
2) A. a. O. S. 306.
3) Es wird dies bewiesen durch die Philostratischen Gemälde; vergl. darüber Gerber a. a. O. S. 307.
4) Vergl. hierüber Gerber a. a. O. Helbig a. a. O. Nr. 821, 822, 970, 1279. O. Müller a. a. O. § 404, 4.

Gottheiten des Wassers.

Über die Darstellung der Wassergötter seitens der Dichter urteilt schon O. Jahn in folgender Weise[1]): „Auch bei den Dichtern sind Beschreibungen solcher Seeprocessionen ungemein beliebt und grösstenteils stimmen sie der ganzen Auffassung nach wie in den einzelnen Motiven so genau mit den bildlichen Darstellungen überein, wie dies selten der Fall ist, ein deutlicher Beweis, dass sie unter dem Einflusse der sie umgebenden Bildwerke schrieben."

Beschreibungen ganzer Seeprocessionen finden sich bei Ovid nicht; wir haben es hier also nur mit einzelnen Motiven zu thun. Wenn Ovid den Bewohnern der Gewässer grüne und bläuliche Farbe (viridis, caeruleus) zuschreibt[2]), so dürfen wir dies ebenso wenig auf die Kunst beziehen wie oben bei den Lichtgottheiten die purpurne, goldgelbe und schneeweisse Farbe der Rosse. Schon bei Homer werden sie „κυάνεοι" genannt und nichts ist ja naturgemässer als dass das, was im Wasser lebt, auch die Farbe des Wassers annimmt. Selbst wenn der Dichter A. A. III 178 eine Farbe, die er nicht mit Namen nennt, dadurch erklärt, dass er an die Kleider der Nymphen erinnert[3]), so ist auch hier zunächst an die Natur, nicht an Bildwerke zu denken.

An mehreren Stellen hebt der Dichter das lange, wirre Haar der Wassergötter hervor. So heisst es von Achelous Met.

---

1) Ber. der k. sächs. Gesellschaft der W. 1854 S. 177.

2) Das Prädicat „caeruleus" wird nur gebraucht von der Person selbst oder von der Farbe des Fleisches: Vergl. Ep. IX 14 caeruleus Nereus; Met. I 27 caeruleus frater d. h. Neptun; Met. I 333 caeruleus Triton; Met. XIII 893 caeruleus toto corpore Acis; Met. XIII 960 caerulea bracchia Glauci; Ep. VII 48 caerulei equi Tritonis u. a. St. Das Prädicat: „viridis" erhalten Haare, Bart und Kleider: Vergl. Met. II 12 virides capilli Nereidum; Met. V 574 viridis coma Arethusae; Met. XIII 960 viridis barba Glauci; Met. IX 32 viridis vestis Acheloi n. a. St. Nur an einer Stelle werden die Wassergötter selbst 'virides dei' genannt, Trist. I 2, 59. Zwischen den Gottheiten des Meeres und der Flüsse ist hinsichtlich der Farbe kein Unterschied.

3) Die Nymphen haben auf den Campanischen Wandgemälden immer ein wasserfarbiges Gewand, grün oder bläulich, die Nereiden dagegen haben häufig rotes Gewand; vergl. Helbig a. a. O. Nr. 1011 ff.

IX 3: inornatos redimitus hirundine crines"; von Glaucus Met. XIII 915 „caesariemque umeros subiectaque terga tegentem" und 961 „caesariemque meam, quam longa per aequora verro." Dieses lange ungeordnete Haar ist gerade in der Kunst ein Hauptcharakteristikum der männlichen Wassergottheiten; damit brachte der Künstler die Wildheit des Elementes zum Ausdruck [1]). Wenn nun der Dichter denselben speziellen Zug hervorhebt, so ist er hier zweifellos durch bildliche Darstellungen beeinflusst. Nicht mit derselben Sicherheit lässt sich dies von dem Schilfkranz behaupten, mit dem bei Ovid die Flussgötter geschmückt sind [2]); so heisst Achelous an der oben angeführten Stelle Met. IX 3 'redimitus harundine crines inornatos' und Met. IX 99 heisst es:

„capitis quoque fronte saligna
aut super imposita celatus harundine damnum."

Met. XIII 894 wird Acis genannt 'iuvenis incinctus flexis cannis'; Fast. V 637 streckt Tiber sein 'arundifer caput' aus den Wellen heraus. Auf Kunstwerken wird der Schilfkranz für Flussgötter ganz allgemein üblich seit der alexandrinischen Zeit [3]), auf den Campanischen Wandgemälden findet er sich stets [4]). In der Litteratur ist hier aber schon Vergil dem Ovid vorausgegangen [5]), auch er schildert den Tiber mit einem Schilfkranz. Und dann fragt es sich, ob wir es hier nicht mit einer überhaupt ganz vulgären Vorstellung zu thun haben. Der Dichter spricht ja ebensogut auch von einem Weidenkranze Met. IX 99; ein solcher aber findet sich meines Wissens überhaupt nicht in der Kunst. Jedenfalls aber ist für die Stelle Met. IX 3 schon aus dem oben angeführten Grunde daran festzuhalten, dass hier wenigstens bestimmt der Dichter Bildwerke vor Augen hat.

Der Dichter stellt ferner die Flussgottheiten gehörnt dar. Auch diese Auffassung hat ihren Ursprung sicherlich in der Kunst [6]), ist aber schon lange vor Ovid in der Litteratur aufge-

---

1) Vergl. besonders die Kolossalherme im Vatican; speziell für Acheloos Philost. iun. im. IV.
2) Hierüber urteilt schon Gerber a. a. O. S. 274: „von der Kunst stammt der Schilfkranz".
3) Vergl. Gerber a. a. O. O. Müller § 403.
4) Vergl. Helbig a. a. O. Nr. 1011 ff.
5) Aen. VIII 34: „crines umbrosa tegebat harundo."
6) Vergl. darüber Gerber a. a. O. S. 274 ff. O. Müller a. a. O. § 403.

nommen worden, so zunächst in dem Mythus von Kampfe zwischen Achelous und Herkules. Hier haben wir wie in den Werken der alten Kunst [1]) den Gott in voller Stiergestalt. Die spätere Kunst behielt nur die Hörner bei [2]) und ihr folgten die römischen Dichter. Horaz [3]) allerdings nennt den Aufidus noch überhaupt „tauriformis", aber schon Vergil schreibt den Flussgöttern nur Hörner zu [4]). Wenn nun Ovid dasselbe thut — zu vergleichen sind Ep. IX 139; Met. VIII 885; IX 1; XIII 894 —, so müssen wir es auch hier unentschieden lassen, ob der Dichter durch Reminiscenzen an Kunstwerke oder durch das Beispiel Vergils beeinflusst wird.

Schildert der Dichter einen Flussgott oder eine Nymphe der ganzen Person nach, so stellt er dieselben dar, wie sie mit Kopf und Brust aus dem Wasser herausragen. So heisst es Met. XIII 890 von Acis:

„subito media tenus exstitit alvo
 incinctus iuvenis flexis nova cornua cannis;"

ebenso von Cyane Met. V 413:

„gurgite quae medio summa tenus exstitit alvo"

von Arethusa Met. V 574:

„conticuere undae, quarum dea sustulit alto
 fonte caput"

vom Tiber Fast. V 637:

„Thybris arundiferum medio caput extulit alveo."

So malerisch auch die Schilderung des Dichters an diesen Stellen ist, so steht er doch hier mit der Darstellung der antiken Kunst geradezu in Contrast. Die Kunst pflegte die Flussgötter liegend und auf eine Urne gestützt darzustellen [5]). Darstellungen, wie sie die Schilderung Ovids voraussetzen würde, existie-

---

1) Nur das Gesicht ist in den Werken der alten Kunst menschlich gebildet, vergl. darüber O. Müller a. a. O. § 403, 2. So sind zu denken die stiergestaltigen Flussgötter bei Aelian, var. hist. 2, 33.

2) Vergl. darüber O. Müller a. a. O. § 403, 3. Philostr. iun. im. IV. Cornut. de nat. deorum 22. So finden wir die Flussgötter besonders auf Münzen von Sicilien und Grossgriechenland.

3) carm. IV 12, 15.

4) Georg. IV 371; Aen. VIII 77.

5) Vergl. O. Müller a. a. O. § 403.

ren nur in verschwindend kleiner Anzahl¹). Ovid folgt hier offenbar dichterischen Vorbildern²).

Eine besondere Stelle unter den Wassergottheiten nimmt Triton ein. Ovid schildert ihn Met. 332 ff. ganz ausführlich: er selbst wird dargestellt als „supra profundum exstans atque umeros innato murice tectus"; seine Muschel nennt Ovid „cava bucina, quae in latum turbine crescit ab imo". Die Muschel wird vom Gotte an die Lippen gesetzt, die vom feuchten Barte triefen. Das alles stimmt auf das genaueste mit den bildlichen Darstellungen überein³), aber alle von Ovid erwähnten Züge finden sich ebenso auch bereits bei den Alexandrinischen Dichtern⁴) und ihnen folgend hat schon Vergil die Gestalt des Triton⁵) in der römischen Litteratur fixiert, so dass wir also auch wohl hier in erster Linie an dichterische Vorbilder bei Ovid zu denken haben.

Ep. VII 50 lässt der Dichter den Triton mit einem Gespann von Seerossen (equi caerulei) durch die Fluten fahren. Andre Meeresgottheiten, speziell den Neptun finden wir sehr häufig von den Dichtern so dargestellt⁶), immer aber sind es solche Gottheiten, die reine Menschengestalt haben. Triton aber wurde vorgestellt nur halb in menschlicher Gestalt, sein Leib endigte in einen Fischschwanz. Demgemäss schwimmt er in der Regel durch die Fluten oder zieht im Gegenteil andre Gottheiten⁷). In der späteren Kunst aber, die diese Meerwesen in der abenteuerlichsten Weise ausgebildet hat, finden sich Tritonen auch in Verbindung mit Hippokampen und zwar entweder so, dass sie ein Gespann von Hippokampen vor sich her am Zügel führen⁸)

---

1) Siehe Panofka II 3. Archäolog. Zeitung 1852 S. 416. Helbig Nr. 1260 werden die Nymphen beim Raube des Hylas so dargestellt.
2) Vergl. z. B. Catull. 64, 14.
3) Vergl. darüber O. Müller § 402, 2.
4) Vergl. Apoll. Rhod. IV 1608 ff.
5) Aen. VI 171; X 209; a. a. St.
6) Vergl. Verg. Aen. I 147. Schon bei Homer sind ἱππόδαμος, δμητής ἵππων ständige Beiwörter für Poseidon. Bei Prop. III 2, 6 lenkt Galathea ein Rossegespann.
7) So bei Apoll. Rhod. a. a. O.; Vergil Aen. X 209; auch bei Ovid findet sich an anderen Stellen diese Auffassung, so Met. I 333.
8) Öfters auf Campanischen Wandgemälden; vergl. Helbig a. a. O. Nr. 1064, 1072, 1073. Vgl. auch O. Müller § 402, 2.

oder selbst mit dem Körper der Hippokampen zu einem Ganzen verbunden werden ¹). In der erstgenannten Weise haben wir uns an der obigen Stelle den Triton mit seinem Rossegespann vorzustellen und da diese Vorstellung speziell der Kunst eigen zu sein scheint, dürfen wir annehmen, dass Ovid hier Bildwerke vor Augen hatte.

Ebenso scheint der Dichter bei der Schilderung der Thetis durch künstlerische Reminiscenzen beeinflusst zu sein. Met. XI 237 heisst es von ihr, wie sie über das Meer fährt zu einer Lieblingsgrotte, in der sie dann von Peleus überrascht wird:

„quo saepe venire
frenato delphine sedens Theti nuda solebas".

Hier erinnert Schoenfeld¹) daran, dass Ovid bei dieser Schilderung wahrscheinlich Nereidendarstellungen, wie sie sich in der Kunst überaus häufig finden, vor Augen hat. Allerdings ist nicht zu übersehen, dass schon Tibull die Thetis ganz ähnlich malt, carm. I 5, 45:

„Talis (d. h. teneris lacertis flavisque comis)
ad Haemonium Nereis Pelea quondam
vecta est frenato caerula pisce Thetis."

Immerhin aber ist Schoenfeld beizustimmen, wenn er die Ovidische Stelle speziell wegen des Epitheton „nuda", das durch den Zusammenhang keineswegs motiviert wird, durch künstlerische Compositionen inspiriert erklärt.

Die Gestalt der Scylla endlich wird von dem Dichter in einer ganzen Reihe von Stellen ausführlich gezeichnet, ganz so, wie wir sie auch in der Kunst dargestellt finden, mit weiblichem Oberkörper, der nach unten in eine Menge wildaussehender, bellender Hunde übergeht; zu vergleichen sind: Am. III 12, 21; A. A. I 331; Met. VII 65; XIII 732; XIV 60; ex Pont. IV 10, 25 u. a. Hier aber haben wir es mit einer ganz vulgären Vorstellung zu thun, was schon daraus hervorgeht, dass wir

---

3) Es entstehen so ganz phantastische Verbindungen von Tritonen mit menschlichem Oberkörper, den Vorderfüssen eines Pferdes und einem gewaltigen Fischschwanz. So Helbig a. a. O. Nr. 1065, 1067. Vergl. darüber Cic. de nat. deorum I 28: „qualis ille maritimus pingitur Triton natantibus invehens beluis adiunctis humano corpore."

1) A. a. O. S. 60.

auch bei anderen römischen Dichtern die Scylla in ganz ähnlicher Weise geschildert finden¹).

Harpokrates.

Von den fremdländlichen Gottheiten wird nur Harpokrates oder Horos einmal näher gezeichnet. Met. IX 692 heisst es von ihm:

„quique premit vocem digitoque silentia suadet."

So mit dem Zeigefinger auf dem Munde stellte ihn die Kunst dar²). Da Ovid nicht einmal den Namen hinzusetzt, sondern nur den durch die Kunst fixierten Typus hervorhebt und damit den Gott genügend gekennzeichnet glaubt, so ist es hier klar, dass ihm die künstlerische Darstellung des Gottes vor Augen schwebt.

III.
Herkules.

An die gewöhnlichen Kunstdarstellungen des Herkules ist zu denken, wenn der Dichter Ep. IX 62 von der Löwendecke auf seiner linken Schulter spricht:

„Nempe sub his animam pestis Nemeaea lacertis
edidit, unde umerus tegmina laevus habet."

Der Dichter hat hier den Gott vor Augen, wie ihn die Künstler darstellten; in Kunstwerken hat Herkules das Löwenfell fast immer auf der linken Schulter, falls er nicht auf demselben sitzend dargestellt ist³).

In derselben Epistel, v. 97 schildert der Dichter den von Herkules besiegten Antaeus in folgender Weise:

„quique inter laevumque latus laevumque lacertum
praegrave compressa fauce pependit onus."

Die Stelle ist an sich etwas dunkel, zumal nicht einmal der Name dessen, der sich in so jämmerlicher Lage befindet, angegeben ist⁴). Der Dichter musste also voraussetzen, dass die

---

1) Vergl. Verg. Eclog. VI 74; Aen. III 246; Catull. 60, 2. Tibull. III 4, 89.
2) Vergl. darüber O. Müller a. a. O. § 408, 4.
3) Vergl. die Beispiele bei Müller-Wieseler D. a. K. I 155 ff.
4) Auch Apollodor lässt noch die Situation sehr unklar; vergl. II 5, 11.

Sache seinen Lesern so gut bekannt war, dass sie erraten konnten, wer gemeint und wie die Situation aufzufassen sei. Nun finden wir aber in der Litteratur vor Ovid den Mythus von Antaeus nirgends erzählt, er scheint also wenigstens nicht häufig behandelt worden zu sein. Dagegen wird die Ovidische Darstellung sehr gut erklärt durch einige uns erhaltene Monumente[1]). In diesen wird Antaeus von Herkules mit dem linken Arme in die Höhe gehoben und an die linke Seite der Brust gedrückt, so dass er zwischen dem Ellenbogen und der Brust hängt, während seine Kehle von Herkules mit der Rechten gedrosselt wird. Wir haben also genau die Situation, die wir auch bei Ovid voraussetzen müssen. Die Dunkelheit in der Darstellung werden wir aber am besten dadurch erklären, dass Ovid solche Bildwerke nicht nur selbst vor Augen hatte, sondern auch bei seinen Lesern Bekanntschaft mit denselben voraussetzen durfte.

An verschiedenen Stellen (Ep. XI 55 ff., Fast. II 311 ff. A. A. II 219 ff.) entwirft der Dichter ein detailliertes Bild von Herkules, wie er sich in der Knechtschaft der Omphale befindet. Derselbe Stoff findet sich auf mehreren Campanischen Wandgemälden dargestellt[2]) und schon Jahn hat mit Recht auf die Ähnlichkeit hingewiesen, die zwischen diesen und der Ovidischen Schilderung obwaltet[3]). Alle Einzelheiten stimmen: der ganze Anzug, die Tunica, der Gürtel, die Mitra, Halsketten, Armbänder und Sandalen finden sich hier wie dort. Herkules hält seiner Gebieterin den Sonnenschirm oder er spinnt und hält den Wollkorb. Omphale dagegen hat die Keule, das Löwenfell und den Köcher mit den Pfeilen. Des öfteren wird auch vom Dichter der komische Eindruck hervorgehoben, den der Held in diesem Aufzuge macht, wie ihm alles zu eng ist, Gürtel, Armbänder und Halsketten. Gerade dieser letztere Umstand scheint mir mit grosser Wahrscheinlichkeit daraufhin zu deuten, dass der Dichter

---

1) Vergl. Stephani, compt. rend. pour 1867 S. 13 ff., ferner Gerh. Auserles. Vasenbild. II S. 104 ff. Besonders ist hieher zu beziehen Philostr. im. II 21. Auch auf Gemmen und Münzen findet sich der Kampf zwischen Herkules und Antaeus in dieser Weise dargestellt.
2) Vergl. Helbig a. a. O. Nr. 1136 ff. O. Müller a. a. O. § 411, 7. —
3) Ber. d. sächs. Gesellsch. d. Wissensch. 1855 S. 215 ff. vergl. auch Helbig, Unters. über die Camp. Wandgem. S. 113.

durch Reminiscenzen an bildliche Darstellungen beeinflusst ist. Jedenfalls aber geht Baumeister zu weit [1]), wenn er bei Besprechung der Wandgemälde eine ganze Reihe von Stellen aus der Litteratur kurz zusammenfassend urteilt: „Ohne Zweifel aus der Anschauung von ähnlichen Kunstwerken hervorgegangene Schilderungen sind: Dio Chrys. 32, 84; Joan. Lyd. im III 64; Herod. I 14, 8; Senec. Hippol. 317; Herc. fur. 465; Tertull. de pallio 4; Ovid. Fast. II 311 ff." Allerdings stimmen diese Stellen alle, die einen mehr, die anderen weniger mit den Wandgemälden überein, aber ohne weiteres kann man daraus noch keinen Schluss auf die Abhängigkeit der Schriftsteller von den Kunstwerken machen. Die Schilderung der Schriftsteller ist teilweise selbstverständlich, indem es sich für sie einfach darum handelte, das Urbild eines Helden in der Rolle eines üppigen Weibes darzustellen. Ferner aber ist nicht zu übersehen, dass die ganze Geschichte ein willkommener Stoff für die griechischen Komiker war und häufig von ihnen behandelt wurde [2]). Gerade die von Baumeister citierte Stelle aus Ovid, Fast. II 311 ff., wo erzählt wird, wie Faunus sich an die Omphale heranschleichen will, statt derselben aber den Herkules vorfindet, trägt ein überaus komisches Gepräge und Ovid selbst nennt sie v. 304 eine 'fabula plena antiqui ioci'. Es kann also kaum zweifelhaft erscheinen, dass Ovid hier in erster Linie sich an die Darstellung der Komiker angeschlossen hat. Dass der eine oder der andere Zug in der dichterischen Schilderung auf künstlerischen Reminiscenzen beruht, ist damit nicht ausgeschlossen; ein sicheres Urteil ist hier eben nicht möglich.

Ariadne.

In der 10. Epistel schildert Ovid ausführlich das Bild der von Theseus verlassenen Ariadne; sie selbst erzählt von sich v. 13:

„conterrita surgo
Membraque sunt viduo praecipitata toro."

---

1) Denkmäler des klass. Altertums S. 1106; an dieser Stelle wird auch noch eine Reihe andrer Monumente angeführt, auf denen derselbe Gegenstand behandelt ist.

2) Von Antiphanes, Cratinus, Achäus und Jon werden Komödien, denen dieser Stoff zu Grunde lag, erwähnt.

Dann rennt sie verzweiflungsvoll am Ufer auf und nieder, blickt sehnsuchtsvoll dem Schiffe nach, sinkt endlich erschöpft auf einem Steine nieder v. 50:

„mare prospiciens in saxo frigido sedi
Quamque lapis sedes, tam lapis ipsa fui."

Helbig[1]) findet vor allem in diesen letzten Worten einen deutlichen Beweis dafür, dass der Dichter Kunstwerke vor Augen hatte. Neben anderen Monumenten[2]), welche Ariadne auf einem Felsblocke sitzend darstellen, kommen vor allem Campanische Wandgemälde in Betracht[3]), in denen die Heroine dargestellt ist, wie sie sich erschreckt auf ihrem Lager aufrichtet und starr dem in der Ferne noch sichtbaren Schiffe nachblickt. Nun aber hat schon Catull den Mythos behandelt und dabei die einzelnen Züge fast in derselben Weise ausgemalt[4]). Auch er sagt von Ariadne: „saxea ut effigies bacchantis prospicit." Es dürfte doch wohl kein Zufall sein, dass beide Dichter unabhängig von einander auf denselben Gedanken kommen, die trauernde Ariadne einem Steinbilde zu vergleichen. In erster Linie müssen wir auch hier annehmen, dass Ovid sich an Catull anlehnt[5]). Dass Catull Bildwerke vor Augen hat, ist um so wahrscheinlicher, weil er selbst ein Kunstwerk beschreiben will. Ob auch bei Ovid noch künstlerische Reminiscenzen mitwirkten, muss unentschieden bleiben.

Auch an einer anderen Stelle, Fast. III 507, wo Ovid Ariadne darstellt, wie sie von Bacchus verlassen trauert, Bacchus aber in ihrem Rücken erscheint, um sie zu trösten, vermutet Helbig[6]), dass der Dichter durch die Erinnerung an Bildwerke beeinflusst sei. Er führt ein Campanisches Wandgemälde[7]) an, auf dem Ariadne auf einem Polster sitzend gemalt ist, wie sie eben die Thränen abwischt, während hinter ihrem Rücken Bacchus erscheint. Das Campanische Wandgemälde bezieht sich

---

1) A. a. O. S. 119.
2) Vergl. Raoul-Rochette, choix de peint. S. 30 ff. Jahn, Archäol. Beiträge S. 281 ff.
3) Helbig a. a. O. Nr. 1222 ff.
4) carm. 64, 52 ff.
5) Diese Vermutung stellt schon Stark auf, Ber. der sächs. Gesellschaft d. W. 1860 S. 30.
6) A. a. O. S. 120.
7) A. a. O. Nr. 1234.

auf die von Theseus verlassene Ariadne: auch das Meer ist dargestellt und darauf das absegelnde Schiff. Helbig ist nun der Ansicht, dass Ovid ähnliche Darstellungen vor Augen hatte und absichtlich oder unwillkürlich einzelne Züge derselben auf den verwandten Stoff übertrug. Es ist aber nicht ersichtlich, was gerade an der oben erwähnten Stelle zu der Vermutung berechtigte, dass Ovid durch künstlerische Reminiscenzen beeinflusst wird. Das einzige, was die bildliche und die dichterische Darstellung gemeinsam haben, ist, dass in beiden der Gott ungesehen der Ariadne im Rücken naht. Das versteht sich aber doch fast von selbst, wenn der Gott die verlassene Ariadne unerwartet überraschen will. Daraus allein also lässt sich auf eine Abhängigkeit des Dichters vom Künstler um so weniger schliessen, als die übrigen Züge der Darstellung nicht stimmen. Der Dichter stellt Ariadne am Strande herumirrend dar, während der Gott hinter ihr erscheint, die Künstler aber malten sie in diesem Augenblicke meist schlafend[1]), in dem einen oben erwähnten Gemälde ist sie sitzend dargestellt[2]). Auf den Bildern erscheint der Gott mit grossem Gefolge, bei Ovid findet sich davon nichts. Überhaupt aber ist die Darstellung Ovids viel weniger malerisch als rhetorisch ausgeschmückt.

Phrixus und Helle.

Fast. III 869 ff. erzählt der Dichter, wie Helle von dem Widder herab in die Fluten stürzt. Hier wird nun näher geschildert, wie der Bruder ihr zu Hilfe eilen wollte:

„paene simul periit, dum vult succurrere lapsae
frater et extentas porrigit usque manus."

Helbig[3]) urteilt über diese Verse: „Die Schilderung, welche Ovid von dem Untergange der Helle gibt, ist offenbar durch Reminiscenzen an die in mehreren Repliken erhaltenen malerischen Compositionen bestimmt." Die Schriftsteller, welche vor Ovid den Mythus behandelten, haben, so weit sie uns erhalten

---

1) Vergl. Helbig a. a. O. Nr. 1233, 1235 ff. O. Müller a. a. O. § 384, 3.

2) Es bezieht sich das natürlich nur auf die Kunstwerke, in denen Bacchus naht; Ariadne allein ist meistens sitzend und in wachem Zustande abgebildet.

3) A. a. O. S. 119. Vergl. auch Welcker, A. D. IV S. 108.

sind, den in den angeführten Versen geschilderten Zug brüderlicher Liebe nicht. Sie hatten überhaupt keinen zwingenden Grund von dem Verhalten des Bruders bei dem Unglücksfalle zu sprechen. Dagegen mussten die Künstler, die die Sache darstellten, dem Bruder seine Rolle zuteilen. Und das geschieht in sehr schöner Weise auf mehreren uns erhaltenen Bildwerken[1]). Der Bruder streckt die eine Hand oder beide Hände aus nach der von den Wellen bereits halb verschlungenen Schwester und zwar „paene simul periit." Fast hat es den Anschein, als würde auch er den Halt verlieren und der Schwester ins nasse Grab folgen. Wenn wir nun diesen Zug, der offenbar der künstlerischen Phantasie seinen Ursprung verdankt, genau so bei dem Dichter wiederfinden, so haben wir hier ein Beispiel, wo an der Abhängigkeit des Dichters von künstlerischen Vorbildern kaum mehr gezweifelt werden kann.

Atalante.

Die Gestalt der arkadischen Jägerin malt uns der Dichter ausführlich Met. VIII 318 ff. Eine Spange hält das Gewand an der Schulter zusammen; das Haar ist einfach in einen Knoten geschlungen; auf der Schulter trägt sie den Köcher, in der Linken den Bogen. Der Ausdruck des Gesichtes hat etwas Männliches:

„facies, quem dicere vere
virgineam in puero, puerilem in virgine posses."

Eben diesen Charakter trägt sie in den Darstellungen der bildenden Kunst, die uns in grosser Anzahl besonders auf Sarkophagen erhalten sind [2]). Aber auch in der Litteratur war schon lange ihr Bild in dieser Weise festgestellt [3]); sie wird geradeso gezeichnet wie Artemis. Es muss also zweifelhaft bleiben, ob die Ovidische Darstellung auch durch Bildwerke beeinflusst ist. An zwei Stellen, A. III 2, 29 und A. A. III 775

---

1) So hauptsächlich auf Campanischen Wandgemälden; vgl. Helbig a. a. O. Nr. 1251 ff. Doch auch sonst; siehe Jahn, Annal. d. Inst. 1867 S. 88. Schoene, Gr. Rel. Nr. 124. Auch auf Vasen, s. Bull. Nap. N. S. 7 A. 3.

2) Vergl. z. B. Millin, Gall. myth. pl. 103 Nr. 411; pl. 104 Nr. 415; O. Jahn, Ber. der sächs. Gesellschaft 1848. 2 S. 123 ff. Archäolog. Zeitung 1871 S. 116 ff.; auch Philostr. iun. im. 15.

3) Vgl. Grote-Fischer, Gr. Myth. u. Antiquit. I 137.

spricht Ovid von den „crura Atalantes" und zieht sie zum Vergleiche bei für besonders schön geformte Beine. Nun wird Atalante auf den Bildwerken immer mit hochgeschürztem Gewande dargestellt; vom Knie abwärts sind die kräftig gezeichneten Beine sichtbar. Der vom Dichter gewählte Vergleich wird erst wirkungsvoll, wenn der Leser dieser bildlichen Darstellungen sich erinnert. Hier ist es mithin sehr wahrscheinlich, dass auch der Dichter dieselben vor Augen hat und den Leser an dieselben erinnern will.

Andromeda.

Die an den Felsen gefesselte Andromeda zeichnet Ovid Met. IV 672 ff. folgendermassen:

„quam simul ad duras religatam bracchia cautes
vidit Abantiades, — nisi quod levis aura capillos
moverat et tepido manabant lumina fletu,
marmoreum ratus esses opus. —"

Schoenfeld führt diese Stelle auf künstlerische Darstellungen zurück und weist dazu die betreffenden Monumente nach [1]). Und allerdings stimmt die Ovidische Schilderung genau mit einigen Campanischen Wandgemälden überein [2]): auch hier ist die Jungfrau mit den Armen an den Felsen angebunden, das Haar wird durch den Wind bewegt, der Körper erscheint starr und unbeweglich. Nun ist aber die Sache selbst, die Fesselung der Jungfrau an den Felsen, in der Litteratur altüberliefert [3]). Die Details aber der Ovidischen Schilderung ergeben sich ohne weiteres aus der Sache selbst. Es ist kein Wunder, dass die an die Felsen gefesselte Jungfrau, ausgesetzt den Winden und den Wellen, dem schrecklichen Untier als Beute preisgegeben, vor Kälte und Schrecken blass und starr ist und unbeweglich wie ein Marmorbild dasteht; nur Kleider und Haare flattern im Winde. Die Phantasie des Dichters kann hier ebenso selbstständig thätig sein wie die des Künstlers. Dazu kommt, dass der Stoff von Tragikern häufig behandelt wurde, so dass wir schon bei diesen eine ausführliche Schilderung der Situation

---

1) A. a. O. S. 66.
2) Vergl. Helbig a. a. O. Nr. 1183—85. Campana, Opere diplastica tav. 57. Vergl. auch Lucian, de dom. 22.
3) S. Antholog. II 172, Apoll. II 4, 3.

voraussetzen müssen¹). Ausgeschlossen sind deswegen an der genannten Stelle künstlerische Reminiscenzen keineswegs, nur kann hier von einer Sicherheit der Beweisführung keine Rede sein.

Dasselbe gilt von einer anderen Stelle, wo Ovid von den Gewändern der an den Felsen gefesselten Andromeda spricht, A. A. III 191:

„albis, Cephei, placebas:
sic tibi vestitae pressa Seriphos erat."

Das konnte der Dichter nur sagen, wenn eine derartige Darstellung der Andromeda üblich war. In den Campanischen Wandgemälden nun erscheint Andromeda immer mit einem langen weissen Chiton bekleidet. Die Künstler also pflegten sie so darzustellen; offenbar liegt dabei der Gedanke zu Grunde sie als eine dem Ungeheuer ausgesetzte Braut zu zeichnen²). In den uns erhaltenen litterarischen Fragmenten findet sich davon nichts erwähnt. Doch liegt auch hier die Wahrscheinlichkeit vor, dass schon die Tragiker sie als Braut auffassten und beschrieben.

Helden des troischen Krieges.

In der 5. Epistel lässt Ovid Oenone von ihrem Liebesverhältnis zu Paris erzählen. Da erzählt sie denn auch, wie Paris ihren Namen und dazu Verse mit der Versicherung unwandelbarer Treue in die Rinde der Buchen eingeschnitten. Merkwürdiger Weise findet sich nun dieselbe Episode auf einem Campanischen Wandgemälde dargestellt³); Helbig nennt es mit Recht eine treffliche Illustration zu der 5. Epistel des Ovid⁴). Etwas Weiteres aber lässt sich daraus nicht schliessen. Das Bild steht so vereinzelt da, dass es gewagt wäre zu behaupten, dass wir es hier mit einer allgemein bekannten Composition zu thun haben. Die Übereinstimmung zwischen Künstler und Dichter erklärt sich daraus, dass sie beide das Liebesverhältnis als ein recht zärtliches schildern wollten. Dass man aber die Namen seiner Ge-

---

1) Fedde, de Perseo et Andromeda S. 14 sucht nachzuweisen, dass Ovid bei Behandlung dieses Stoffs dem Euripides folgt; zu vergl. ist hauptsächlich frag. 124 ed. Dindorf.
2) So sagt Achilles Tatius III 7 ein ähnliches Bild schildernd: ἕστηκε νυμφικῶς ἐστολισμένη ὥσπερ Ἀδώνιδι νύμφη κεκοσμένη.
3) Helbig a. a. O. Nr. 1280.
4) Helbig a. a. O. S. 112.

liebten in die Rinde eines Baumes einschnitt, scheint damals ebenso Sitte gewesen zu sein wie heutzutage¹). Dichter und Künstler mögen also wohl völlig unabhängig von einander auf dieselbe Idee gekommen sein. Nebenbei darf nicht unerwähnt bleiben, dass es auf dem Wandgemälde nicht ein Baum ist, in den Paris den Namen der Geliebten einschneidet, sondern, wie sich Helbig etwas dunkel ausdrückt „eine neben Paris befindliche Basis."

Das Parisurteil schildert der Dichter in der Weise, dass er die Göttinnen in völliger Nacktheit vor den Augen des Paris erscheinen lässt. Ep. V 35 wird die Nacktheit zunächst nur bei Minerva hervorgehoben:

„qua Venus et Juno sumptisque decentior armis
venit in arbitrium nuda Minerva tuum."

Nachdem aber Minerva, die wenigstens ihre Waffen mitgenommen, noch ʻdecentiorʼ genannt wird, versteht es sich von selbst, dass die beiden anderen ganz unbekleidet zu denken sind. Das wird bestätigt durch eine andere Stelle Ep. XVI 116:

„tres tibi se nudas exhibuere deas."

Die Litteratur der Griechen weiss davon nichts²) und auch in der älteren Kunst sind die Göttinnen stets vollbekleidet³) und zwar noch dazu besonders reich und sorgfältig. Zuerst findet sich die Nacktheit erwähnt bei Properz⁴); er erzählt, dass die Göttinnen vor dem Schiedsrichter die Kleider (tunicae) ablegten. Noch unzweideutiger sind die Stellen bei Ovid. Welcker führt nun diese Auffassung auf die Wandmalerei und andre Kunstwerke der Zeit zurück⁵). Unter den uns erhaltenen Wandgemälden findet sich allerdings nur eines, auf dem wenigstens Venus nackt genannt werden kann⁶). Sie schlägt ihr Gewand zurück und entblösst dadurch ihren Körper bis an die Kniee.

---

1) Vergl. Verg. Ecl. X 54: „tenerisque meos incidere amores arboribus."
2) Vergl. Eurip. Androm. 274 ff. Troad. 918 ff. Procl. fragm. Cypr. Welcker, Ep. Cycl. II 90. Die Göttinnen suchen nach der ursprünglichen Version der Sage überhaupt nicht durch den Anblick ihrer Gestalt, sondern lediglich durch ihre Versprechungen den Paris für sich zu gewinnen.
3) R. Rochette I S. 260. Overb. Bildw. des troisch. Cykl. Taf. 10.
4) carm. II 2.
5) A. D. V. S. 368.
6) Helbig a. a. O. Nr. 1284.

Sonst sind es lauter Werke der Kleinkunst, besonders Gemmen, die Welcker anführt. Die Ächtheit derselben ist teilweise angezweifelt worden, jedenfalls lässt sich keine mit Sicherheit auf die Zeit vor Ovid zurückführen. Wenn es nun auch aus inneren Gründen wahrscheinlich ist, dass die Nacktheit der Göttinnen bei dieser Scene eine Erfindung der Kunst ist, und dass die Dichter, Properz sowohl als Ovid, durch den Vorgang der Kunst zu ihrer Schilderung veranlasst wurden, so lässt sich doch, so lange wir keine sicher datierten Monumente aus früherer Zeit haben, kein endgültiges Resultat gewinnen.

Dasselbe gilt von einer andern Stelle, A. A. III 190, wo Ovid von den Gewändern der Briseis redet:

„pulla decent niveas; Briseida pulla decebant;
cum rapta est, pulla tum quoque veste fuit."

So konnte der Dichter nicht sagen, wenn nicht eine derartige Darstellungsweise der Briseis entweder in der Poësie oder in der Kunst üblich war. Von ihrer weissen Hautfarbe redet schon Horaz[1]), von ihren Gewändern aber erfahren wir nirgends etwas. Ebenso aber lassen uns hier die Monumente im Stich. Auf dem einzigen Campanischen Wandgemälde, auf dem Briseis dargestellt ist, trägt sie eine gelbe Tunica und weissen Schleier[2]). Nun wissen wir zwar, dass Briseis öfters gemalt wurde[3]), nirgends aber finden wir nähere Details angegeben. Es ist zwar anzunehmen, dass sich die Maler den wirkungsvollen Contrast zwischen dem schneeweissen Teint und den dunklen Gewändern nicht entgehen liessen. Aber auch hier fehlen uns die Belege.

Bei der malerischen Schilderung, die Ovid Met. XIII 404 ff. von der Zerstörung Trojas gibt, erinnert besonders das Bild der von Ajax verfolgten Cassandra an die Darstellung der Künstler. Es heisst von ihr v. 410 u. 411:

„tractata comis antistita Phoebi
non profecturas tendebat ad aethera palmas."

Weder Cassandra noch ihr Verfolger werden bei Namen genannt, die Situation also als völlig bekannt vorausgesetzt. Nun ist allerdings der Stoff in der Litteratur häufig behandelt worden.

---

1) carm. II 4, 2. Homer nennt sie „$καλλιπάρηος$" Il. I 184, 323. Properz nennt sie „formosa" c. II 8, 35.
2) Helbig a. a. O. Nr. 1309.
3) So von Polygnot; vergl. darüber Paus. X 25, 2.

Schon die 'Ιλίου πέρσις des Arktinus wird auch den an der Cassandra verübten Frevel geschildert haben[1]). Erwähnt findet er sich bei Euripides[2]) und Properz[3]); ausführlich schildert Vergil[4]), wie Cassandra an den Haaren aus dem Tempel geschleppt wird. Aber gerade der von Ovid hervorgehobene Moment, wie Cassandra von Ajax an den Haaren gepackt ihre Hände zum Himmel erhebt, findet sich sonst nur in Bildwerken. Die Kunst hat eben diesen Moment herausgegriffen und zum Gegenstand häufiger Darstellung gemacht[5]). Wenn auch in den Kunstwerken Cassandra die Hände zunächst zum Palladidol, vor dem sie auf die Knie niedergesunken ist, emporstreckt, so streckt sie doch eben damit die Hände auch zum Himmel empor[6]). Es erscheint demnach sehr wahrscheinlich, dass Ovid an der oben genannten Stelle durch die Erinnerung an derartige Kunstwerke beeinflusst ist. Ob die Cassandra des Theon oder Theodorus, die sich in Rom im Tempel der Concordia befand[7]), in diesem Moment aufgefasst war, wissen wir nicht.

Auch an einer anderen Stelle, Am. I 7, 17, wo er seine von ihm an den Haaren gerissene Geliebte mit Cassandra vergleicht:

„sic nisi vitatis quod erat Cassandra capillis
procubuit templo, casta Minerva, tuo" —

auch hier denkt Ovid wohl an Kunstdarstellungen und will solche seinen Lesern in die Erinnerung zurückrufen.

Endlich erinnert die Schilderung der Opferung der Polyxena, wie sie Ovid Met. XIII 179 gibt:

„tunc quoque cura fuit partes velare tegendas
cum caderet castique decus servare pudoris" —

---

1) Schoenfeld a. a. O. S. 50 vermutet in der Schilderung des Arktinus die Quelle für Ovid.
2) Eur. Troad V. 69 ff.
3) Prop. carm. V. 1, 117.
4) Aen. II 400 ff.
5) Vergl. Overbeck, Bild. des troischen Cykl. 26, 16 ff. 27; Archäolog. Zeitung 1848 Taf. XIII 4, 6; Helbig Nr. 1328. Aufzählung des vorhandenen Bildervorrats Annal. d. Inst. 1877. S. 249 ff.
6) In einer zweiten Gruppe von Kunstwerken umschlingt Cassandra das Götterbild mit den Armen. Vergl. u. a. das bekannte Vasenbild R. Rochette, Mon. inéd. I pl. 66.
7) S. Plin. XXXV 138; vergl. darüber Brunn a. a. O. II S. 255.

in ganz auffallender Weise an ein Epigramm des Pollianus[1]), das sich offenbar auf ein Gemälde Polygnots bezieht. Beidemal wird hervorgehoben, dass Polyxena sich bemühte möglichst decent zu fallen. Nun erinnert hier aber mit Recht Schoenfeld[2]) daran, dass schon Euripides dasselbe von Polyxena rühmte[3]). Wenn wir es also hier mit einem von den Künstlern erfundenen Zug zu thun haben, so war es doch schon Euripides, der ihn den Künstlern ablauschte und in die Litteratur einführte. Ob sich dann Ovid an Euripides angeschlossen[4]) oder direkt Kunstwerke vor Augen gehabt, liesse sich schwer entscheiden. Es ist hier aber wohl überhaupt unnötig nach Quellen zu suchen. Was Ovid an Polyxena rühmt, erzählt er Fast. II 833 ff. fast mit denselben Worten von Lucretia:

„tunc quoque iam moriens ne non procumbat honeste prospicit, haec etiam cura cadentis erat."

Es handelt sich hier also um eine ganz allgemeine sittliche Vorstellung. Was Polyxena und Lucretia thaten, war von ihnen als Idealen edler Weiblichkeit nicht anders zu erwarten[5]).

Niobe.

Die Sage von Niobe und ihren Kindern ist häufig von den Schriftstellern der Alten behandelt worden, am ausführlichsten, soweit uns die Schriften erhalten sind, von Ovid in seinen Metamorphosen, VI 146—332.

Schon Welcker[6]) und andre nach ihm[7]) haben darauf hingewiesen, dass sich in der Schilderung Ovids einzelne Züge finden, die der Tragödie entlehnt sind; speziell sind es Tragödien

---

1) Antholog. Gr. III 147 Nr. 5.
„ἰδ᾽ ὡς πέπλοιο ῥαγέντος
τὰν αἰδῶ γυμνὰν σώφρονι κρύπτε πέπλῳ."
Vgl. darüber Brunn a. a. O. II S. 25.
2) Vergl. a. a. O. S. 50.
3) Hecuba v. 568 ff.
4) So vermutet Plaehn a. a. O. S. 6.
5) Vergl. darüber ferner Aesch. Agam. v. 241 Tyrt. Anth. Graec. lyr. ed. Bergk. 11, 19 ff. Plin. ep. IV 11, 9.
6) A. a. O. I S. 286 ff.
7) Hermann, op. III S. 37 ff. Stark, Niobe und Niobiden S. 44 ff.

Bekanntschaft wir bei dem Dichter voraussetzen
seine Darstellung Einfluss übte. Eine Vergleichun,
die Darstellung im grossen und ganzen tiefgreifend
wie sie bedingt sind durch die verschiedenartigen
beiden Künste. Der Künstler fasst das ganze tragi
in einen Moment zusammen, er lässt das Verderber
über die Söhne sowohl als über die Töchter hereinl
Dichter dagegen erzählt eines nach dem andern, z
der Söhne, und dann erst, nachdem auch jetzt der
Niobe noch nicht gebrochen, den Tod der Töchter.
bemerkenswerter Unterschied ist der, dass der Dich
getötet werden lässt, wie sie eben ihre Rosse t
Dichter bringt durch diesen Umstand Abwechslung
derung, die sonst zu eintönig würde. Dem Künstl
Einführung der Rosse die grössten Schwierigkeit ¡
alle Symmetrie gestört[3]). In einem Punkte nur b
die Darstellung des Dichters und die des Künstlers
es ist das der Punkt, wo bei beiden der höchs
Spannung erreicht und damit der grösste Effect erz
meine den Tod der jüngsten Tochter. Ovid schild
in folgenden Versen:

„Ultima restabat, quam toto corpore mate
tota veste tegens: „Unam minimamque re
de multis minimam posco" clamavit „et u
dumque rogat, pro quo rogat, occidit".

Hier stimmen die vom Dichter hervorgehob

---

1) Plaehn, a. a. O. S. 12 ff.: Die hieher gehörigen
Sophokles sind Rhizotomoi, Niobe, Tereus.

2) Vergl. Plin. XXXVI 4, 8. O. Müller a. a. O. § 12

3) In einigen Wandgemälden und auch sonst auf Ku
geringerer Bedeutung finden sich die Söhne der Niob
gestellt; vergl. Ber. der sächs. Gesellschaft der Wiss. 18'
S. 159; an eine Abhängigkeit des Dichters von diesen K
nicht zu denken.

aufs genaueste mit der bekannten Niobegruppe überein[1]); die Worte „toto corpore, tota veste tegit" klingen fast wie eine Beschreibung des Kunstwerkes. Wer sie las, musste damit an die Gruppe im Apollotempel erinnert werden. Wenn nun trotzdem Schoenfeld behauptet, dass uns hier sichere Argumente fehlen, so kann ich ihm nicht beistimmen[2]). Eine solche Übereinstimmung in den Details kann nicht zufälliger Natur sein; hier setzt das eine die Kenntnis des andern voraus und da wir zudem wissen, dass Ovid das Kunstwerk kennen musste, so kann es hier als sicher gelten, dass seine Schilderung durch das Kunstwerk beeinflusst ist.

Narcissus.

Ganz ähnlich wie in einer Reihe von Wandgemälden[3]) wird vom Dichter das Bild des Narcissus entworfen, wie er am Wasser sitzt und sein Antlitz im Spiegel desselben betrachtet. Met. III 418 ff. Der Stoff wurde bereits von den Alexandrinern behandelt und Plaehn hat nachgewiesen, dass Ovid hier in erster Linie aus alexandrinischen Quellen schöpft. Daneben aber haben schon Welcker[4]) und Helbig[5]) auf den mutmasslichen Zusammenhang aufmerksam gemacht, der zwischen der dichterischen Schilderung und den oben genannten Wandgemälden besteht. Auch Schoenfeld[6]) hält diesen Zusammenhang für wahrscheinlich, wenn er auch zwingende Kriterien vermisst. Vor allem sind es die Verse 418 und 419, die lebhaft an die Darstellung der Künstler erinnern:

„Adstupet ipse sibi, vultuque immotus eodem
haeret, ut e Pario formatum marmore signum."

Gerade dieser starre, unbeweglich auf denselben Punkt gerichtete Blick und die Regungslosigkeit der ganzen Gestalt, die man nahezu versteinert nennen könnte, ist auf allen Wandgemäl-

---

1) Ebenso findet sich diese Gruppe dargestellt auf einem Campanischen Wandgemälde, vergl. Woltmann, Gesch. d. Malerei I S. 97.
2) A. a. O. S. 65.
3) Vergl. Helbig a. a. O. Nr 1338—67; auch Philostr. im. I 23; alle hieher gehörigen Kunstwerke stellt zusammen Wieseler, Narcissos.
4) A. a. O. IV S. 170; Welcker ist der Ansicht, dass die Gemälde nach Ovid entworfen sind.
5) A. a. O. S. 244, 249.
6) A. a. O. S. 64.

den deutlich zum Ausdruck gebracht. Wenn ferner der Dichter die Gestalt des Jünglings näher beschreibt und dabei die schönen Augen, das eines Bacchus und Apollo würdige Haar, den feinen Mund, die bartlosen Wangen, den elfenbeinernen Hals und den weissen, rosigangehauchten Teint hervorhebt, so sind auch das lauter Züge, die allerdings bei der Beschreibung eines schönen Jünglings conventionell geworden waren, die aber sämmtlich malerischer Natur sind und auf den Wandgemälden sich wiederfinden. Da wir nun nach der grossen Anzahl der uns auf Wandgemälden erhaltenen Darstellungen schliessen dürfen, dass wir es hier mit einem äusserst beliebten Sujet der Malerei zu thun haben, so ist jedenfalls die Wahrscheinlichkeit eine sehr grosse, dass diese Wandgemälde auf die Schilderung des Dichters nicht ohne Einfluss geblieben sind.

Mit der Narcissussage findet sich zuerst bei Ovid, Met. III 356 ff., die Geschichte von der Nymphe Echo verbunden, die den schönen Jüngling liebt und aus Liebeskummer, weil sie von ihm verschmäht wird, sich in das Echo, d. h. in den blossen Schall, auflöst[1]). Im Anschlusse an diese Ovidische Darstellung hat Wieseler[2]) eine weibliche Gestalt, welche sich auf einigen der oben erwähnten Narcissusdarstellungen findet[3]) als Echo erklärt. Besonders ist es ein Wandgemälde, das an Ovid erinnert[4]). Wir sehen hier hinter dem Rücken des Narcissus eine weibliche Gestalt aus einem Gebüsch herausgucken; Kopf und Brust sind sichtbar. Echo ist hier also ähnlich aufgefasst, wie auch Ovid sie zeichnet. Auch bei ihm liebt sie den schönen Narcissus nur verstohlen und wagt lange nicht aus dem Walde herauszutreten. Und wie dann der Jüngling vor ihr flieht, zieht sie sich beschämt wieder in den Wald zurück und verbirgt sich im Laube. Trotz der ähnlichen Auffassung ist hier aber an eine Abhängigkeit des Künstlers von dem Dichter nicht zu denken. Für die Erzählung selbst müssen wir notwendig litterarische

---

1) Vergl. Haupt, Anm. zu Met. III 339.
2) Vergl. Wieseler, Echo S. 37; auch Helbig a. a. O. zu Nr. 1358 ff.
3) Helbig a. a. O. Nr. 1358 ff.
4) Helbig a. a. O. Nr. 1366. Ähnlich findet sich Echo noch dargestellt auf einer in Athen gefundenen Thonlampe; s. Archäolog. Zeitung 1852 Taf. 39, 1. Vergl. auch Trendelenburg, Archäolog. Zeitung 1876 S. 11.

Quellen voraussetzen und diese sind bei den Alexandrinern zu suchen [1]. Malerische Details aber, die auf eine Anlehnung an die Kunst hindeuten könnten, fehlen der Erzählung vollständig.

Centauren.

Hier mag endlich noch eine Stelle Platz finden, wo Ovid den Centauren Cyllarus und dessen Geliebte, die schöne Hylonome, beschreibt. Met. XII 395 ff. wird zuerst die Gestalt des jugendlichen Cyllarus in ganz ausführlicher Weise geschildert. Oben schon haben wir gesehen, dass hier der Dichter selbst auf Kunstwerke hinweist, indem er Nacken, Brust und Schultern vergleicht mit den Werken der Künstler (artificum laudatis proxima signis). Auch sonst entspricht die dichterische Schilderung der Darstellung der Centauren, wie sie sich allmählig in der Kunst herausgebildet hatte. Es waren nicht mehr die wilden, wüsten Gesellen, wie wir sie auf den archaischen Denkmälern kennen lernen [2], sondern seit Phidias waren sie immer mehr idealisiert worden, indem man beides, ihre menschliche und ihre thierische Seite, möglichst formvollendet darstellte und in geistvoller Weise mit einander verband [3]. Auch Ovid schildert seinen jungen Centauren als das Bild männlicher Kraft und Schönheit verbunden mit dem Körper des edelsten Rosses. In der Bildung der Gesichtsformen verrathen nun allerdings die Kunstwerke in spitzen Ohren und borstigem Haar die Verwandtschaft mit den Satyrn; davon finden wir bei Ovid nichts, doch rühmt er auch an seinem Gesichte nicht Schönheit, sondern nur das gesunde kräftige Aussehen (gratus in ore vigor). Wenn er dagegen den sprossenden Bart und das lange Haar ausdrücklich hervorhebt, so stimmt dies wieder genau mit den künstlerischen Darstellungen junger Centauren überein. In der Litteratur vor Ovid finden wir nirgends einen jugendlichen Centauren geschildert; es erscheint also wahrscheinlich, dass Ovid hier von der Kunst gelernt hat, um so mehr, als er ja selbst bei der Be-

---

1) Vergl. Plaehn a. a. O. S. 27.
2) Vergl. darüber O. Müller a. a. O. § 389, 2.
3) Vergl. O. Müller a. a. O. 2, 3. So finden sie sich besonders im bacchischen Kreise; vergl. das Gemälde bei Müller-Wieseler II 596. Mus. Borb. III 20, 21. Die Centauren des Aristeas und Papias gehören bekanntlich erst einer späteren Zeit an.

die er in der Beschreibung anwendet, Bart und Hau[pt]
blond, Pferdekörper glänzend schwarz, Schwanz
weiss, etwa einem Wandgemälde entlehnte¹) oder
seiner eigenen Phantasie folgte, muss dahingestellt [bleiben].
Seine Geliebte wird nicht näher beschrieben, si[e wird]
die schönste unter allen Centauriden genannt. Nun
aber überhaupt vor Ovid in der Litteratur keine weit[eren Cen-]
tauren erwähnt, während die Kunst solche schon
kennt²). Es mag dahingestellt bleiben, ob wir e[s hier mit]
einer selbstständigen Production der bildenden Kun[st zu thun]
haben oder ob jene Vorstellung, wie Schoenfeld annim[mt,]
längst im Volksbewusstsein lag, ehe sie die Kun[st ergriff;]
jedenfalls war der Gedanke zu Ovids Zeiten schor[n ein]
vulgärer, so dass aus der blossen Erwähnung au[f Ab-]
hängigkeit von der Kunst nicht mehr geschlossen we[rden kann.]

Überblicken wir nun die Menge der behandel[ten Stellen,]
um daraus das Facit der Untersuchung zu ziehen, s[o ergeben die-]
selben allerdings für die Frage nach dem Verhä[ltniss]
Ovids Werken zur antiken Kunst von sehr verschiede[ner Art.]
Bei einer ganzen Reihe gelangten wir zu negativen [Resultaten,]
indem bei ihnen jeder direkte Zusammenhang zwis[chen dich-]
terischer Schilderung und künstlerischer Darstellt[ung ausge-]
schlossen schien. Es liess sich hier entweder nachw[eisen, dass]
die dichterische Schilderung auf ganz allgemein [verbreiteten]
Vorstellungen beruht, dass also an den betreffenden [Stellen die]
Frage nach einer bestimmten Quelle überhaupt als ni[cht]

---

1) Dass man sich bei der malerischen Darstellung d[er Centauren]
in dem Wechselspiel der Farben der Pferde gefiel, zeigt d[as]
Phil. im. II 3.
2) S. Lucian, Zeuxis 3 ff.; ähnlich wohl das Mosaik [bei Plinius;]
vergl. Brunn a. a. O. II 79. Weitere Centauridendarstellunge[n s. Heyde-]
mann, Hallesches Winkelmannsprgr. 1882 S. 12 ff.
3) A. a. O. S. 67.

tigt gelten musste, oder es ergab sich, dass Ovid sich direkt an litterarische Vorbilder anschliesst, die ihrerseits vielleicht durch künstlerische Reminiscenzen beeinflusst sind, dass also an den betreffenden Stellen höchstens ein indirekter Zusammenhang zwischen Ovids Darstellung und der bildenden Kunst angenommen werden kann —. Bei einer zweiten Reihe von Stellen blieb das Resultat zweifelhaft. Es liess sich hier nicht entscheiden, ob die zweifellos vorhandene Übereinstimmung zwischen künstlerischer Darstellung und dichterischer Schilderung auf die verwandten Grundlagen griechischer Kunst und Poësie zurückgieng oder ob eine direkte Anlehnung des Dichters an Bildwerke statt gefunden. Es sind vor allem die Lücken in der litterarischen Tradition, die hier ein endgültiges Urteil unmöglich machten. — Immerhin aber bleibt eine lange Reihe von Stellen, wo der Zusammenhang zwischen Kunst und Poësie entweder als sicher erwiesen oder als in hohem Grade wahrscheinlich gelten kann. Am sichersten liess sich die Abhängigkeit des Dichters von künstlerischer Darstellung da nachweisen, wo er selbst Kunstwerke schildert. Wie wir oben bei der allgemeinen Betrachtung dieser Kunstwerke nach ihrer formalen Seite hin sahen, dass es dem Dichter nicht an Kunstverständnis fehlte und dass er von der Kunst gelernt, so ergab nun die Betrachtung des Einzelnen, dass der Dichter nicht nur im allgemeinen, sondern da und dort auch in der Ausmalung des Einzelnen bei der Beschreibung der Kunstwerke durch künstlerische Vorbilder beeinflusst ist. Es gehört hieher die Schilderung der Europa, der Leda und des Streites zwischen Poseidon und Athene. — Wie wir ferner oben gesehen, dass der Dichter hin und wieder seine Vergleiche ausgesprochenermassen aus dem Bereiche der bildenden Kunst nimmt, so fand sich auch sonst noch eine Anzahl von Vergleichen, wo der Dichter offenbar auf Kunstwerke anspielt und durch den Hinweis auf die bildliche Darstellung dem Leser seine Gestalten in helleren Farben vor die Augen führen will. Es sind das die Stellen: Am. I 7, 17; III 2, 29; I 14, 21; A. A. III 413; III 775; Met. I 695. Dass sich die Mehrzahl dieser Stellen in den Liebesgedichten findet, ist begreiflich, indem den Dichter hier die Schönheit seiner Geliebten an die herrlichen Gestalten der Kunst erinnert. — Daneben aber steht noch eine ganze Reihe anderer Stellen, wo der Dichter in der reinen Erzählung bei der Schilderung seiner Götter und die Haltung der Hände, die ganze Stellung u a.; durch ein 'ecce' oder 'aspice', durch ein 'videris' oder 'conspiceris' werden wir auf die äussere Erscheinung noch besonders aufmerksam gemacht. Mag nun auch über die eine und die andere Stelle noch Zweifel bestehen und manches nur den Wert der Hypothese haben, so viel lässt sich jedenfalls mit Sicherheit behaupten, dass der Dichter der Kunst nicht kalt gegenüber stand, sondern von ihr, die ihn in tausendfachen Gestalten überall umgab, vielfache Anregung empfieng. Horaz und Properz mögen wohl feinere Kunstkenner gewesen sein[1]), bei keinem Dichter des Augusteischen Zeitalters aber lässt sich der Einfluss, den die bildende Kunst auf die dichterische Darstellung übte, so vielfach nachweisen wie bei Ovid; seine lebhafte Phantasie fand in den Gebilden der Kunst ihre Nahrung und wenn Ovid der farbenreichste unter den römischen Dichtern ist, so verdankt er diesen Farbenreichtum nicht zum geringsten Teile der lebendigen Anschauung der Kunst und ihrer Werke [2]).

---

1) Vergl. die Kunsturteile bei Horaz Ep. II 1, 239; 3, 3; 361 ff. auch III 9; bei Properz III 3, 1; IV 8, 9; 21, 29.

2) Wie ich zu meiner Freude dem Vorworte R. Engelmanns zu seinem homerischen Bilderatlas (eben erschienen im Verlage von Arthur Seemann in Leipzig) entnehme, ist auch zu den Metamorphosen des Ovid ein Bilderatlas in Vorbereitung. Wenn derselbe auch zunächst blos für Schulzwecke bestimmt sein wird, so wird er doch manches oben Ausgeführte näher zu illustrieren vorzüglich geeignet sein.